Mayring
Einführung in die qualitative Sozialforschung

Die Reihe »Beltz Studium« wird herausgegeben
von Jürgen Oelkers und Klaus Hurrelmann

Wissenschaftliche Redaktion: Christian Palentien

Philipp Mayring

Einführung in die qualitative Sozialforschung

Eine Anleitung zu qualitativem Denken

5. Auflage

Beltz Verlag · Weinheim und Basel

Dr. *Philipp Mayring*, Jg. 1952, ist Professor für Psychologische Methodenlehre und Leiter des Zentrums für Evaluation und Forschungsberatung ZEF der Alpen-Adria-Universität Klagenfurt.

Alle Rechte, insbesondere das Recht der Vervielfältigung und Verbreitung sowie der Übersetzung, vorbehalten. Kein Teil des Werkes darf in irgendeiner Form (durch Fotokopie, Mikrofilm oder ein anderes Verfahren) ohne schriftliche Genehmigung des Verlages reproduziert oder unter Verwendung elektronischer Systeme verarbeitet, vervielfältigt oder verbreitet werden.

5., überarbeitete und neu ausgestattete Auflage 2002
(früher erschienen unter der ISBN 3-621-27178-3)
Lektorat: Peter E. Kalb

© 2002 Beltz Verlag · Weinheim und Basel
www.beltz.de
Herstellung: Klaus Kaltenberg
Druck: Druckhaus »Thomas Müntzer«, Bad Langensalza
Umschlaggestaltung: Federico Luci, Köln
Umschlagfoto: Corbis Stock Market, Düsseldorf
Printed in Germany

ISBN 978-3-407-25252-4

Inhaltsverzeichnis

Vorwort zur 5. Auflage 7
Vorwort zur 1. Auflage 8

1. **Geschichte qualitativen Denkens** 9
   1.1 Anzeichen für eine qualitative Wende 9
   1.2 Wurzeln qualitativen Denkens 12
   1.3 Einzelwissenschaftliche Entwicklungslinien
       im 20. Jahrhundert 15

2. **Theorie qualitativen Denkens** 19
   2.1 Die Grundlagen qualitativen Denkens 19
   2.2 Die 13 Säulen qualitativen Denkens 24

3. **Untersuchungspläne qualitativer Forschung** 40
   3.1 Einzelfallanalyse 41
   3.2 Dokumentenanalyse 46
   3.3 Handlungsforschung 50
   3.4 Feldforschung 54
   3.5 Das qualitative Experiment 58
   3.6 Qualitative Evaluationsforschung 62

4. **Verfahren qualitativer Analyse** 65
   4.1 Erhebungsverfahren 66
       1) Problemzentriertes Interview 67
       2) Narratives Interview 72
       3) Gruppendiskussion 76
       4) Teilnehmende Beobachtung 80
   4.2 Aufbereitungsverfahren 85
       5) Wahl der Darstellungsmittel 85
       6) Wörtliche Transkription 89

		7) Kommentierte Transkription	91
		8) Zusammenfassendes Protokoll	94
		9) Selektives Protokoll	97
		10) Konstruktion deskriptiver Systeme	99
	4.3	Auswertungsverfahren	103
		11) Gegenstandsbezogene Theoriebildung	103
		12) Phänomenologische Analyse	107
		13) Sozialwissenschaftlich-hermeneutische Paraphrase	109
		14) Qualitative Inhaltsanalyse	114
		15) Objektive Hermeneutik	121
		16) Psychoanalytische Textinterpretation	126
		17) Typologische Analyse	130
	4.4	Zusammenhang des Analyseinstrumentariums	133

5. Computereinsatz in der qualitativen Sozialforschung .. 135
   5.1 Ansatzpunkte für den Computereinsatz 135
   5.2 Grundlegende Prozeduren der Computerunterstützung 137
   5.3 Überblick über die wichtigsten Programme 137

6. Gütekriterien qualitativer Forschung 140
   6.1 Kritik klassischer Gütekriterien 141
   6.2 Methodenspezifische Gütekriterien 142
   6.3 Sechs allgemeine Gütekriterien qualitativer Forschung 144

7. Schlussbemerkung: Fallstricke qualitativer Forschung .. 149

Literaturverzeichnis 151
Personenregister 165
Sachregister 169

Vorwort zur 5. Auflage

Seit der ersten Auflage 1990 ist der Text zum Teil erweitert (z.b. die Kapitel zur qualitativen Evaluationsforschung und zum Computereinsatz) und in der Literatur aktualisiert worden, aber nicht völlig neu gefasst worden. Zwar sind in den letzten Jahren einige wichtige Werke zur Qualitativen Sozialforschung erschienen (z.B. König/Zedler 1995; Friebertshäuser/Prengel 1997; Denzin/Lincoln 1998; Flick/Kardorff/Steinke 2000), die Grundprobleme, die Anlass für dieses Buch waren, sind aber geblieben:

- Die Sozialwissenschaften öffnen sich nur sehr zögerlich qualitativ orientierter Methodik, vor allem was empirische Pädagogik und Psychologie (vgl. Bortz/Döring 1995) betrifft.
- Innerhalb qualitativer Forschung besteht immer noch große Zurückhaltung gegenüber der Systematik und Überprüfbarkeit der Verfahrensweisen. Die hier vorgeschlagenen Ablaufmodelle wollen hier Anregungen bieten.
- Solche Ablaufmodelle ermöglichen dann auch den Einbau quantitativer Analyseschritte. Damit kann geholfen werden, die unsinnige Gegenüberstellung qualitativ – quantitativ zu überwinden (vgl. dazu Mayring 2001).

Vorwort zur 1. Auflage

Ein Buch über die methodischen und methodologischen Grundlagen wissenschaftlichen Vorgehens zu schreiben ist immer problematisch. Denn vor allem in den Sozialwissenschaften hat sich eine fatale Arbeitsteilung eingeschlichen: Es gibt Gegenstandsspezialisten und Methodenspezialisten. Nur wenige sind Experten in dem Was *und* dem Wie von Forschung. Die Folge sind methodisch versierte, aber wenig aussagekräftige Projekte auf der einen Seite, theoretisch hochinteressante, aber methodisch »wacklige« Arbeiten auf der anderen Seite. Das vorliegende Buch möchte dieser Entwicklung entgegenwirken, obwohl es wieder nur ein reines Methodenbuch ist. Zum einen wird aber immer wieder herausgestellt, dass qualitative Forschung keine beliebig einsetzbare Technik ist, sondern eine Grundhaltung, ein Denkstil, der auch in einem anderen Gegenstandsverständnis fußt, der immer streng am Gegenstand orientiert ist. Zum anderen ist versucht worden, durch Beispiele, wo immer dies möglich war, den Bezug zum Gegenstandsfeld herzustellen.

Diese Buch ist auf Grund vieler wertvoller Anregungen von Kollegen entstanden. Mein besonderer Dank gilt aber den kritischen Kommentaren zur ersten Manuskriptfassung von Dieter Ulich, Heiner Keupp, Toni Faltermaier und einem ungenannten Rezensenten sowie den technischen Arbeiten am Manuskript von Erwina Beermüller, Lydia Frankenberger und Hannelore Graf.

1. Geschichte qualitativen Denkens

Das rein quantitative Denken ist brüchig geworden; ein Denken, das sich den Menschen und Dingen annähert, indem es sie testet und vermisst, mit ihnen experimentiert und ihre statistische Repräsentanz überprüft, ohne vorher den Gegenstand verstanden zu haben, seine Qualität erfasst zu haben.

Eine Lanze zu brechen für qualitatives Denken in der wissenschaftlichen Erkenntnisgewinnung, ohne dabei den Weg zu sinnvollen Quantifizierungen zu verbauen, aber auch ohne in Beliebigkeit, Verwaschenheit, Unkontrollierbarkeit zu verfallen, das ist das zugegeben hoch gesteckte Ziel dieses Buches.

1.1 Anzeichen für eine qualitative Wende

Die *qualitative Wende* (vgl. Mayring 1989), der Trend zu qualitativen Erkenntnismethoden, stellt eine tief greifende Veränderung der Sozialwissenschaften in diesem Jahrhundert dar. So kann man seit einigen Jahren in den unterschiedlichsten Forschungsbereichen feststellen, dass eine rein quantitative Vorgehensweise nicht mehr als alleiniges Ideal gilt. Qualitatives Denken setzt sich etwa seit den 70er-Jahren in der BRD wieder stärker durch. Es gibt eine Reihe von Anzeichen für diese Entwicklung:

- Unter dem Stichwort »Qualitative Sozialforschung« sammeln sich vor allem soziologische (Hopf/Weingarten 1979; Lamnek 1988, 1989; Spöhring 1989), aber auch erziehungswissenschaftliche (Zedler/Moser 1983; Heinze 1987) Ansätze, die sich einig sind in ihrer Kritik an den weit verbreiteten sozialwissenschaftlichen Forschungsinstrumenten: Skalen, Tests, Fragebögen, standardisierte Instrumente lassen die »Versuchspersonen« nicht zu

Wort kommen, sondern reduzieren sie auf das Reagieren auf vorgegebene Kategorien (Kreuzchen machen). Dagegen versucht man hier anzuknüpfen an die Tradition amerikanischer Feldforschung (Chicago-Schule, vgl. Kap. 2), die sich der sozialen Realität mit unstrukturierten Beobachtungen und offenen Befragungen in natürlichen, alltäglichen Situationen annähert (vgl. auch Filstead 1970; Schwarz/Jacobs 1979; Gerdes 1979; Silverman 1985). Mittlerweile ist »Qualitative Sozialforschung« zum interdisziplinären Bezugspunkt neuer qualitativer Ansätze geworden (Flick/Kardorff/Keupp/Rosenstil/Wolff 1991).

- Die Analyse einzelner Lebensverläufe, die *Biografieforschung*, ist ein immer wichtiger werdendes interdisziplinäres Feld qualitativer Analyse (Paul 1979; Fuchs 1984; Jüttemann/Thomae 1987; Bromley 1986; Denzin 1989; Straub 1989). In den unterschiedlichsten Bereichen (z.B. Soziologie, Kriminologie, Geschichtswissenschaft, Entwicklungspsychologie, Sozialpsychologie, Psychiatrie) sucht man durch einzelne ausführliche Lebenslaufanalysen relevantere Erkenntnisse zu gewinnen als durch groß angelegte Repräsentativuntersuchungen.

- Es wird ein *interpretatives Paradigma* als forschungsleitendes Denkmodell gefordert. Thomas P. Wilson (1970) war es, der dieses Paradigma formulierte, wobei er sich vor allem auf die Theorie des Symbolischen Interaktionismus (Blumer 1973) und die Ethnomethodologie (Arbeitsgruppe Bielefelder Soziologen 1973; Cicourel 1970; Weingarten/Sack/Schenkein 1976) berief. Der Grundgedanke ist, dass Menschen nicht starr nach kulturell etablierten Rollen, Normen, Symbolen, Bedeutungen handeln (normatives Paradigma), sondern jede soziale Interaktion selbst als interpretativer Prozess aufzufassen ist: Der Mensch muss jede soziale Situation für sich deuten, muss sich klar werden, welche Rollen von ihm erwartet werden, ihm zugeschrieben werden und welche Perspektiven er selbst hat. Wenn soziales Handeln selbst schon Interpretation ist, dann muss der Wissenschaftler natürlich erst recht »Interpret« sein (vgl. auch Rabinow/Sullivan 1979).

- Gerade in den letzten Jahren formiert sich auch innerhalb der akademischen sozialwissenschaftlichen Forschung ein eigener

Ansatz von *Frauenforschung*, von feministischer Sozialwissenschaft, der ebenfalls die naturwissenschaftlich-quantitative (männliche) Methodologie ablehnt (vgl. z.B. Harding 1987; Becker-Schmidt/Bilden 1991). Der Frauenforschung geht es zwar (wie auch hier) nicht um eine völlige Zurückweisung quantitativer Analyse (Ostner 1987); ihr spezifischer Ansatz aber (weibliche Erfahrung als Erkenntnisquelle; Wissenschaft für Frauen auf Grund eigener Betroffenheit; Wissenschaft als Selbstfindung) zieht nach sich, dass hier verstehende, qualitative, einzelfallbezogene Methoden bevorzugt werden (vgl. z.B. Stern 1986).

- Auch die *kritische Psychologie* (Holzkamp 1983), auf dem historischen und dialektischen Materialismus fußend, lehnt eine einseitig quantitative Methodologie ab. Sie habe nur zu Herrschaftswissen, Anpassungswissen, zu Psychologisierungen gesellschaftlicher Zusammenhänge geführt. Die kritische Psychologie fordert neue Grundgriffe, neue Kategorien, die einerseits weniger formal, mehr gegenstandsbezogen sein sollen und die andererseits soziohistorisch hergeleitet werden müssen (vgl. Markard 1991). Dies zeigt sich auch in den konkreten Forschungsprojekten aus dieser Arbeitsrichtung (über Entwicklungskrisen Jugendlicher, subjektive Aspekte des Faschismus, psychische Störungen und Familie, z.B. Dreier 1980).

So haben in den letzten Jahren immer mehr sozialwissenschaftliche Forschungszweige sich den Zusatz »qualitativ« zugelegt, um ihr alternatives methodisches Vorgehen auszudrücken: qualitative Unterrichtsforschung (Achtenhagen 1984), qualitative Evaluationsforschung (Patton 1980), qualitative Gesundheitsforschung (Faltermaier 1989), qualitative Marktforschung (Kiefl/Lamnek 1984), qualitative Medienforschung (Bachmair/Mohn/Müller-Doom 1985), um nur ein paar Beispiele zu nennen. Das drückt sich auch in der zunehmenden Zahl der Veröffentlichungen mit qualitativem Bezug aus: Eine EDV-gestützte Literaturrecherche hat immerhin allein in der Psychologie bis Anfang 1988 rund 100 deutschsprachige und rund 400 englischsprachige Arbeiten unter dem Stichwort »qualitativ-interpretativ« zu Tage gebracht (Datenbasis PSYNDEX und PSYCH-INFO, vgl. Mayring 1991a).

1.2 Wurzeln qualitativen Denkens

Der aktuelle Trend zu mehr qualitativer Forschung ist eine Entwicklung der letzten 10 bis 20 Jahre. Das darf natürlich nicht darüber hinwegtäuschen, dass die Wurzeln qualitativen Denkens weit zurückgehen. *Aristoteles* (384–322 v. Chr.) wird hier immer wieder als Urvater bezeichnet. So teilt v. Wright (1974; vgl. auch Lewin 1933) die Geistesgeschichte in zwei Traditionen ein, die aristotelische und die galileische Tradition. Aristoteles steht dabei für ein Wissenschaftsverhältnis, das

- die Gegenstände als dem Werden und Vergehen unterworfen ansieht und damit die historischen und entwicklungsmäßigen Aspekte betont;
- die Gegenstände auch durch ihre Intentionen, Ziele und Zwecke verstehen will und damit auch Werturteile in der wissenschaftlichen Analyse zulässt;
- neben der Ableitung des Besonderen aus dem Allgemeinen mittels logisch widerspruchsfreier Beweise (Deduktion) ein induktives Vorgehen erlaubt und damit auch die Grundlage für sinnvolle Einzelfallanalysen bildet.

Die Erforschung des Menschen – genauer: der Seele – ist für Aristoteles die Krone der Wissenschaft. Dafür ist aber ein eigener wissenschaftlicher Zugang vonnöten (vgl. Aristoteles, Werke, Bd. 13, 1959).

Die galileische Denktradition (Galileo Galilei, 1564–1642) hebt dagegen ab auf reine Kausalerklärungen nach deduktiver Logik, sucht nach allgemeinen Naturgesetzen, die mit Methoden gefunden und überprüft werden, die für alle Einzelwissenschaften gleich seien. In expliziterer Form finden sich diese Gedanken dann in dem Denksystem Descartes' (1596–1650): »Denn sein Ziel ist es ja, die Philosophie zu einer Art Universalmathematik zu machen, zu einer Wissenschaft, in der alles im Wege strenger Deduktion aus einfachsten Grundbegriffen gewonnen wird.« (Störig 1950, S. 218) Auf der Suche nach Kritikern cartesianischer Philosophie stößt man auf einen weiteren Vorläufer qualitativen Denkens: *Gianbattista Vico*

(1668–1744). Die Aussparung geschichtlichen Denkens im cartesianischen Wissenschaftssystem ist sein wichtigster Kritikpunkt. Gegen das naturwissenschaftliche stellt er ein praktisch-philosophisches Wissenschaftsverständnis, das für die Humanwissenschaften adäquater erscheint: »Der Zusammenhang von Sprache und Handeln, den sie zum Gegenstand haben, entzieht sich dem cartesianischen Erklärungs- und Evidenzprinzip. Was der Mensch hervorbringt, lässt sich nicht aus ›ersten Wahrheiten‹ deduzieren. Das Praktisch-Wahre ist kein Allgemeines (universale), das ohne raumzeitliche Einschränkung gilt, so wenig das Ziel der Praxis ein für alle Mal feststeht, da das Handeln von wechselnden Lagen abhängt, deren Zahl unbegrenzt ist.« (Riedel 1978 über Vico) In seinem als Alternative dazu formulierten Programm einer »neuen Wissenschaft« (Vico 1744, dt. Übers. 1924) bietet er die Grundlagen eines geisteswissenschaftlichen, verstehenden, historischen, einzelfallorientierten Denkens, das auf die Differenzierung spezifischer praktischer Regeln statt allgemein gültiger Naturgesetze abzielt.

Ein weiterer wissenschaftshistorischer Strang muss hier als eine Wurzel qualitativen Denkens angeführt werden: die Hermeneutik. Darunter sind alle Bemühungen zu verstehen, Grundlagen wissenschaftlicher Interpretation zur Auslegung von Texten zu erarbeiten. Solche Ansätze finden sich in Theologie (Auslegung der Heiligen Schrift), Jura (Interpretation von Gesetzestexten), Geschichtswissenschaften (Analyse schriftlicher Quellen), Philologie (literarische Textauslegung) und Philosophie (allgemeine Interpretationslehre). Von *Mathias Flacius Illyricus* (1520–1575), einem evangelischen Theologen, der den Grundsatz der Interpretation auf dem Hintergrund des Gesamtzusammenhangs entwickelt hat, laufen die Entwicklungslinien der Hermeneutik über Spinoza, Rambach, Chaldenius, Moritz, Baumgartner, Herder, Thibaut, Ast zu Friedrich Schleiermachers (1768–1834) Hermeneutik als einer »Kunstlehre des Verstehens« und zu *Wilhelm Diltheys* (1833–1911) Programm der Geisteswissenschaften sowie der Hermeneutik des 20. Jahrhunderts (Heidegger, Gadamer, Betti, Habermas usw.; vgl. zum Überblick Gadamer/Boehm 1976). Den Grundgedanken dieser hermeneutischen Ansätze könnte man so skizzieren: Texte, wie alles vom Menschen Hervorgebrachte, sind immer mit subjektiven Bedeutungen, mit Sinn verbunden; eine Analyse der nur äußerlichen Charakteristika führt nicht weiter, wenn man nicht diesen subjektiven Sinn interpretativ herauskristallisieren kann.

»Das Verstehen und Deuten ist die Methode, welche die Geisteswissenschaften erfüllt. Alle Funktionen vereinigen sich in ihm. Es enthält alle geisteswissenschaftlichen Wahrheiten in sich. An jedem Punkt öffnet das Verstehen eine Welt.« (Dilthey, Ges. Schriften VII, 1958, S. 205)

Dilthey stellt Hermeneutik und beschreibende Psychologie als die Grundsäulen seiner Geisteswissenschaft dar, so wie Mathematik die Grundlage der Naturwissenschaften bildet. Beschreibende Psychologie geht vom Gegenstand aus, nicht von vorformulierten Hypothesen, sondern vom unmittelbaren Erlebnis des seelischen Zusammenhangs. Ein solches Wissenschaftsverständnis betont auch immer wieder den Anspruch, die Methoden am Objekt spezifisch zu bestimmen.

Ganz explizit hat aber Dilthey sich von einem Gegeneinander, einer strengen Alternative Naturwissenschaften vs. Geisteswissenschaften abgehoben. Das deskriptiv-hermeneutische Vorgehen ist zwar notwendige Grundlage der Geisteswissenschaften, erklärende Konstruktionen können aber als zweiter Schritt darauf aufbauen. Diese wiederum können durch beschreibende Zusammenhänge verdeutlicht und kontrolliert werden.

Das Gegenprogramm zu diesem qualitativ orientierten Denken wurde am deutlichsten durch den Positivismus des 19. Jahrhunderts (Compte, Mill) formuliert, in unserem Jahrhundert im Neopositivismus des Wiener Kreises (Schlick, Carnap, Popper) weiterlebend (vgl. dazu Adorno et al. 1969). Dies hat uns nun der Gegenwart näher geführt, die jedoch viel stärker durch unterschiedliche Entwicklungslinien in den einzelnen Wissenschaften gekennzeichnet ist.

1.3 Einzelwissenschaftliche Entwicklungslinien im 20. Jahrhundert

- Die *Soziologie* um die Jahrhundertwende wurde entscheidend inspiriert durch die Umfrageuntersuchungen im großen Stil, die Charles Booth durchführte (1889: »A Survey of London Life and Labour«; vgl. zum Folgenden Klages 1969; Sahner 1982). Solche Umfragen mit meist mehreren Tausend Befragten sind seitdem unter dem Begriff »Survey«-Forschung ein wichtiges soziologisches Instrument geworden. Sie wollten in durchaus sozialkritischer Absicht von der Lehnstuhlphilosophie wegführen zu den harten empirischen Daten über die soziale Lage der Bevölkerung. Die Technik war aber rein quantitativ; standardisiertes Interview, geschlossener Fragebogen, Zufallsstichprobenverfahren und statistische Auswertung bildeten die Grundlage der darauf aufbauenden empirischen Sozialforschung. Die Socialsurvey-Bewegung geriet von ihrer Methodik her vor allem in Widerspruch mit der verstehenden Soziologie Max Webers (1864–1920). Ausgangspunkt von Webers Ansatz ist die Entschlüsselung des subjektiven Sinns im sozialen Handeln der Menschen. Das Verstehen von Einzelindividuen als erster methodischer Schritt, die Konstruktion von Handlungstypen, von Idealtypen als darauf aufbauendem soziologischen Erkenntnismittel kennzeichnen sein Denken. In der Soziologie des Nachkriegsdeutschlands finden sich die methodologischen Spannungen wieder. Am Kölner Institut für Sozialforschung werden unter René König die quantitativen Grundlagen empirischer Sozialforschung systematisiert und ausgebaut. Experiment, Interviews, Fragebogen und statistische Auswertung stehen hier im Zentrum. Die Kritik an diesen Instrumenten war es aber wiederum, die in der Soziologie seit den 70er-Jahren die Gegenbewegung auf den Plan gerufen hat (vor allem in Form der Biografieforschung) und dazu geführt hat, dass qualitative Ansätze in der Soziologie heute »salonfähig« sind.
- Das lässt sich über die deutschsprachige *Psychologie* weniger sagen. Auch hier wurden die Weichen kurz vor der Jahrhundertwende in Richtung naturwissenschaftlich-quantitatives Vorge-

hen gestellt. Dies fällt zusammen mit der Etablierung der Psychologie als eigenständiger, von Philosophie und Medizin unabhängiger Wissenschaft. Die ersten Lehrstühle für Psychologie wurden für Wissenschaftler eingerichtet, die viel mit Wahrnehmungspsychologie beschäftigt waren (z.B. von W. Wundt 1879 in Leipzig) und in eigenen psychologischen Labors menschliche Reaktionen durch exaktes Testen untersuchten. Es war aber mehr noch die Rezeption der Gründerväter, die Wirkung einflussreicher Gruppierungen der zweiten Generation, die um die Jahrhundertwende das qualitative Denken eines Dilthey (Psychologie als Geisteswissenschaft) und eines Windelband (Psychologie als ideografische, einzelfallorientierte Wissenschaft) am Durchbruch hinderte (vgl. dazu Thomae 1977; Hubig 1987). Wundt selbst beispielsweise wollte durchaus keine völlige Ablösung von der Philosophie und hielt die experimentell-quantitative Vorgehensweise auch nur für Teilbereiche der Psychologie für sinnvoll (vgl. auch Polkinghorne 1983). Auf diesem Hintergrund konnte dann auch der Behaviorismus so einflussreich werden, eine Psychologierichtung, die subjektive Variablen völlig verleugnete und nur durch »objektive« Verhaltensbeobachtung, durch Laborexperimente (meist mit Tieren) Verhaltensgesetze aufstellte (Watson, Skinner). Diese amerikanische Entwicklung hat viele europäische und außereuropäische Länder (z.B. Japan) bis heute nachhaltig beeinflusst. Eine solche Welle der »Amerikanisierung« (Métraux 1985) erfasste die deutschsprachige Psychologie in den 50er- und 60er-Jahren. So wurde ab etwa 1953 ein heftiger Methodenstreit ausgefochten zwischen quantitativ-faktorenanalytischem (Peter R. Hofstaetter) und explorativ-intuitiv-ganzheitlichem Vorgehen (Albert Wellek), bevor sich die quantitative Orientierung endgültig durchsetzte. Erst in den letzten Jahren ist in den USA eine Wiederentdeckung der europäischen hermeneutisch-phänomenologischen Tradition zu beobachten (Giorgi 1970; Polkinghorne 1983), die dazu geführt hat, dass qualitative Ansätze aus dem Schatten heraustreten (vgl. Banister/Burman/Parker/Taylor/Tindall 1994). Und auch in der deutschsprachigen Psychologie sind erst seit ein paar Jahren Bemühungen festzustellen, auf breiterer

Basis qualitative Ansätze zusammenzutragen (z.B. Witzel 1982; Jüttemann/Thomae 1987; Bergold/Flick 1987), Ansätze, die aber schon vorher im Stillen gearbeitet haben. Denn die Vormachtstellung behauptet bis heute in der Psychologie die experimentell-quantitative Forschung, wenn auch integrative Ansätze (Groeben 1986) und verstärkte Methodendebatten (Schorr 1994) zu verzeichnen sind.

- Wieder eine andere Entwicklungslinie lässt sich in der *Pädagogik* verfolgen. Hier hatte die geisteswissenschaftlich verstehende Orientierung Wilhelm Diltheys von Anfang an Fuß gefasst. Auch nach dem Zweiten Weltkrieg wurden die meisten Universitätslehrstühle (oftmals kombiniert als Lehrstuhl für Pädagogik und Philosophie) an geisteswissenschaftliche Vertreter vergeben (z.B. Nohl, Spranger, Litt, Flitner, Weniger; vgl. dazu Klafki 1976). Empirisch-quantitative Forschung hat sich hier erst verhältnismäßig spät entwickelt, in den USA, England, z.T. in Schweden um 1940, in der Bundesrepublik erst in den 50er-Jahren um Heinrich Roth. Dafür war diese Entwicklung ungewöhnlich schnell und gründlich. Bereits in den 60er-Jahren war empirisch-quantitative Pädagogik ein zentraler Zweig der Erziehungswissenschaften. Der Ausbau pädagogischer Lehrstühle in Folge der Bildungsreform in den 60er- und 70er-Jahren kam fast ausschließlich dieser Richtung zugute. Fragebogen und Interviewverfahren, pädagogische Experimente, Testverfahren (z.B. Schulleistungstests) waren die bevorzugten Methoden. Als jedoch die qualitative Wende in den 70er-Jahren auch die Pädagogik erfasste, zeigte sie hier mehr Wirkung als in der Psychologie. Auf theoretischer Ebene wurde Position bezogen gegen das zunehmend quantitativ-empirische Wissenschaftsverständnis, indem historisch, kritisch, dialektisch und hermeneutisch orientierte Ansätze formuliert wurden (vgl. zum Überblick Büttemeyer 1979; auch Klafki 1976; Burgess 1985). Direkt aus der Bildungsreform kommt die Bewegung der Handlungsforschung (vgl. Kap. 3.3), die auf den Diskurs Forscher–Betroffene das Hauptgewicht legt und quantitative Verfahren weniger betont (vgl. Haag et al. 1972; Heinze et al. 1975; Moser 1977). Auch die qualitative pädagogische Evaluationsforschung (vgl. Patton

1980) ist hier anzuführen. Heinze (1987) entwickelt einen hermeneutisch-lebensgeschichtlichen Ansatz, der auf kommunikatives Verstehen zwischen Forscher und Beforschten als selbstreflexivem Lernprozess aller Beteiligten den Schwerpunkt legt und dabei mit Tagebüchern, Briefen und biografischen, narrativen Interviews arbeitet.

Aber auch im englischsprachigen Raum werden in den Erziehungswissenschaften qualitativ orientierte Ansätze wieder entdeckt, neu entwickelt, systematisch gesammelt; die ethnomethodologische und fallanalytische Linie stehen dabei im Vordergrund (vgl. z.B. Jaeger 1988; Eisner/Peshkin 1990; Schratz 1993).

2. Theorie qualitativen Denkens

Bevor einzelne Verfahren qualitativer Forschung besprochen werden, soll zunächst versucht werden, die theoretischen Grundlagen zu klären. Der erste Schritt in diese Richtung soll dabei sein, auf allgemeinstem Niveau die Grundsätze qualitativen Vorgehens herauszuarbeiten.

2.1 Die Grundlagen qualitativen Denkens

Auf diese Grundsätze stößt man, wenn man versucht, die Gemeinsamkeiten aus den bisherigen verstreuten qualitativen Ansätzen herauszuschälen. Fünf solcher Grundsätze möchte ich nun hervorheben: die Forderung stärkerer *Subjektbezogenheit* der Forschung, die Betonung der *Deskription* und der *Interpretation* der Forschungssubjekte, die Forderung, die Subjekte auch in ihrer natürlichen, *alltäglichen* Umgebung (statt im Labor) zu untersuchen, und schließlich die Auffassung von der Generalisierung der Ergebnisse als *Verallgemeinerungsprozess*. Diese Postulate stellen sozusagen das Grundgerüst qualitativen Denkens dar. Auch hier muss wieder in aller Deutlichkeit betont werden: Dieses Grundgerüst qualitativen Denkens soll keine Alternative zu quantitativem Denken darstellen. Qualitatives und quantitatives Denken sind in der Regel in jedem Forschungs- und Erkenntnisprozess enthalten. Jedoch wird bisher das qualitative Denken vernachlässigt, was in vielen Bereichen zu verzerrten, unbrauchbaren Ergebnissen geführt hat. Das qualitative Denken im Forschungs- und Erkenntnisprozess wieder zu verstärken ist das Ziel dieser Ausführungen. So soll nun auf fünf Postulate qualitativen Denkens eingegangen werden.

> **Postulat 1:** Gegenstand humanwissenschaftlicher Forschung sind immer Menschen, Subjekte. Die von der Forschungsfrage betroffenen Subjekte müssen Ausgangspunkt und Ziel der Untersuchungen sein.

Viel zu oft geraten in sozialwissenschaftlicher Forschung der eigentliche Ausgangspunkt und das eigentliche Ziel, die Subjekte, ins Hintertreffen (vgl. Bergold/Flick 1987). Entweder werden bestimmte Methoden so in den Vordergrund gestellt, dass deren Verfeinerung wichtiger wird als die Ergebnisse; oder es werden Theorien oder Theoriebruchstücke (hypothetische Konstrukte, Variablen) auf Bereiche übertragen, ohne ihre Angemessenheit zu überprüfen. Der direkte Zugang zu den betroffenen Subjekten würde diese Verzerrungen sofort ans Tageslicht bringen. Dafür seien Beispiele genannt:

- In der Geschichtswissenschaft hat es sich eingebürgert, historische Verläufe durch die Daten und Taten der Herrschenden nachzuzeichnen. Man hat lange nicht gemerkt, wie einseitig und wie wenig verallgemeinerbar solche Geschichtsschreibung ist. Eine neue Bewegung qualitativen Denkens, die »Oral history« (vgl. Bennet 1981; Vorländer 1990; Röckelein 1993) versucht nun, ihren Analysen konkrete (mündliche) Äußerungen von Subjekten aller Gesellschaftsschichten zu Grunde zu legen. So wurde beispielsweise die Weltwirtschaftskrise aus der Sicht betroffener Arbeiterfamilien beschrieben (Hareven 1982).
- In der pädagogischen Psychologie hat sich ein Forschungszweig entwickelt, der der Frage nachgehen wollte, warum manche Schüler mit Elan und Begeisterung lernen und andere sich dem Lehrstoff verschließen. Eine Theorie der Leistungsmotivation wurde entwickelt (Heckhausen 1974), die unter anderem die Erkenntnis gebracht hat, dass die Hoffnung auf Erfolg leistungsförderlicher ist als die Furcht vor Misserfolg. Diese Variable hat sich jedoch so verselbstständigt, dass man meinte, alle Schüler nach dem Grad ihrer Erfolgs- oder Misserfolgsorientierung klassifizieren und testen zu können (Schmalt 1976). Eine subjektorientierte Forschung zeigt hingegen, dass die Motivation

von Schülern in viel stärkerem Maße von deren spezifischen Interessen (Schiefele et al. 1979; Krapp/Prenzel 1992) und Vorstellungen vom Lernen (Säljo 1993) abhängt.
- Aber auch die ganzheitliche Medizin kann hier als Beispiel subjektorientierten Denkens herangezogen werden. Stellt sie doch den ganzen Menschen in seiner Einzigartigkeit und seiner Kontextverbundenheit in den Mittelpunkt ärztlicher Behandlung (Milz 1985). Die kritische Psychologie, wie sie von Klaus Holzkamp (1983) formuliert wurde, stellt ebenfalls diese Subjektorientierung in den Vordergrund. Sie setzt das subjektwissenschaftliche Vorgehen dem kontrollwissenschaftlichen des experimentell-quantitativen Ansatzes entgegen. Hier wird jedoch zu Recht auch gewarnt vor einem Stehenbleiben bei der Perspektive des Subjekts, vor einem Verhaftetbleiben in der Subjektivität (vgl. dazu auch Bergold/Flick 1987; Maiers/Markard 1987); die Subjektorientierung bleibt aber trotz ihrer Gefahren eine zentrale Forderung qualitativen Denkens.

> **Postulat 2:** Am Anfang einer Analyse muss eine genaue und umfassende Beschreibung (Deskription) des Gegenstandsbereiches stehen.

Schon Dilthey (1894) hat in seiner psychologischen Grundlegung der Geisteswissenschaften betont, dass genaue Beschreibungen des Gegenstandes immer der Ausgangspunkt sein müssen, bevor als zweiter Schritt erklärende Konstruktionen benutzt werden. Die Beschreibung, so Dilthey, ist die Grundlage der Geisteswissenschaften. So wird in der Phänomenologie der Gegenstandsdeskription eine vorrangige Stellung zugewiesen. »Zu den Sachen selbst!« war das Schlagwort Husserls, mit dem er einer von Traditionen, Ideologien, Lehrmeinungen vorgeprägten Tatsachenerfassung entgegentreten wollte. Auch die moderne phänomenologische Forschung setzt an die erste Stelle die genaue, umfassende Beschreibung (z.B. Davis 1981; Giorgi 1985).

Die Bedeutung dieses Postulates lässt sich auch an den oben genannten Beispielen verdeutlichen: Eine umfassende Beschreibung historischer Entwicklungen muss Daten aus allen Quellen berücksichtigen. Eine umfassende Beschreibung der Beziehung des Schülers zu seinem Lernstoff wird den Einfluss der Lerninhalte und der Lernumwelt von Anfang an berücksichtigen.

> **Postulat 3:** Der Untersuchungsgegenstand der Humanwissenschaften liegt nie völlig offen, er muss immer auch durch Interpretation erschlossen werden.

Diese Erkenntnis ist das Verdienst der Hermeneutik. Sie hat von Anfang an darauf hingewiesen, dass vom Menschen Hervorgebrachtes immer mit subjektiven Intentionen verbunden ist. Das gilt für die Untersuchungsgegenstände der Humanwissenschaften wie auch für den Forschungsprozess selbst. Dieselbe – »objektiv« beobachtbare – Handlung kann sowohl für unterschiedliche Akteure als auch für unterschiedliche Beobachter völlig andere Bedeutung haben. Diese Bedeutungen müssen erst durch Interpretation erschlossen werden. Wenn z.B. die sozialwissenschaftliche Wohlbefindensforschung die Menschen ankreuzen lässt, wie glücklich sie sich fühlen (sehr, etwas, nicht so sehr), so missachtet sie dieses Postulat. Denn die Menschen haben die unterschiedlichsten Begriffe von Glück, ebenso wie die auswertenden Sozialforscher unterschiedliche Glücksdefinitionen im Kopf haben (Mayring 1991b). Das Postulat der Interpretation gilt natürlich in besonderem Maße für alle Bereiche, in denen verbales Material analysiert werden soll, also schriftliches Material, Interviews, Fragebögen, Dokumente usw.

> **Postulat 4:** Humanwissenschaftliche Gegenstände müssen immer möglichst in ihrem natürlichen, alltäglichen Umfeld untersucht werden.

Qualitative Ansätze haben immer wieder die Verallgemeinerbarkeit von Ergebnissen aus Laborexperimenten kritisiert. Denn im Gegensatz zu den Naturwissenschaften sind humanwissenschaftliche Phänomene stark situationsabhängig. Der Mensch reagiert im Labor anders als im Alltag. Er macht sich Gedanken über den Sinn des Laborexperiments, versucht, sich den Erwartungen des Versuchsleiters anzupassen oder ein ideales Bild abzugeben – er verhält sich nicht natürlich (vgl. z.B. Mertens 1975; Argyris 1976). Die vermeintlichen Vorteile der Laborsituation – Isolation und Kontrolle der zu untersuchenden Variablen – werden durch diese Verzerrungen zunichte gemacht.

Es darf natürlich nicht verkannt werden, dass fast jeder forschende Zugang zur Realität eine Verzerrung mit sich bringt. Qualitativer Forschung geht es aber darum, diese Unschärfen zu verringern, indem gefordert wird, möglichst nahe an der natürlichen, alltäglichen Lebenssituation anzuknüpfen. Das Postulat möglichst großer Alltagsnähe des Untersuchungsmaterials gilt aber auch deshalb, weil es ja wiederum Alltagssituationen sind, auf die hin die Forschungsergebnisse verallgemeinert werden sollen.

> **Postulat 5:** Die Verallgemeinerbarkeit der Ergebnisse humanwissenschaftlicher Forschung stellt sich nicht automatisch über bestimmte Verfahren her; sie muss im Einzelfall schrittweise begründet werden.

Da menschliches Handeln in großem Maße situativ gebunden, historisch geprägt, mit subjektiven Bedeutungen behaftet ist, lässt sich die Verallgemeinerung humanwissenschaftlicher Ergebnisse nicht automatisch durch ein Verfahren wie das der repräsentativen Stichprobe garantieren. Zu lange hat man sich auf ein Modell wie das folgende verlassen: Eine kleine Stichprobe wird nach einem Zufallsplan oder nach bestimmten Kriterien (Alter, Geschlecht, Schicht) so festgelegt, dass sie ein verkleinertes Abbild der Gruppe darstellt, über die man Aussagen machen will. Dieses Vorgehen wird aber von qualitativen Ansätzen kritisiert, denn die Repräsentativität einer Stichprobe kann nie völlig hergestellt werden, die Kriterien sind fragwürdig. Auch wird es als Fiktion bezeichnet, in den Humanwissenschaften zu allgemeinen Naturgesetzen zu gelangen, die – einmal gefunden – immer und überall gelten. Verallgemeinerbarkeit der Forschungsergebnisse muss nach qualitativem Denken immer im spezifischen Fall begründet werden. Es müssen Argumente angeführt werden, warum die hier gefundenen Ergebnisse auch für andere Situationen und Zeiten gelten; es muss expliziert werden, für welche Situationen und Zeiten sie gelten.

Qualitative Forschung hat darüber hinaus spezifische Probleme bei der Verallgemeinerbarkeit der Ergebnisse. Denn sie arbeitet oft mit sehr kleinen Fallzahlen. Hier spielen die Begründungen, warum und wofür die Resultate Gültigkeit besitzen, eine besondere Rolle; hierfür wurde eine Reihe konkreter Vorschläge gemacht (vgl. dazu Kap. 5).

2.2 Die 13 Säulen qualitativen Denkens

Die fünf Postulate qualitativen Denkens, die im letzten Abschnitt entwickelt wurden, sind jedoch noch zu abstrakt, zu allgemein, um in konkrete Handlungsanweisungen münden zu können. Dies aber muss das Ziel sein: die Postulate auf der Theorieebene so zu konstruieren, dass der Zusammenhang mit den später vorgestellten Techniken deutlich wird. Erst dann können Anspruch und Wirklichkeit qualitativen Denkens überprüft und eingeschätzt werden. Die Differenzierungen der Postulate sollen nun zunächst genannt, in einem Modell zusammengestellt und dann nacheinander erläutert werden.

- Das Postulat der *Orientierung am Subjekt* lässt sich dabei durch drei qualitative Richtlinien spezifizieren. Die *Ganzheit* des Subjekts soll immer mit berücksichtigt werden; das Subjekt soll in seiner Gewordenheit *(Historizität)* gesehen werden. Und schließlich heißt subjektorientierte Forschung auch immer, an den konkreten praktischen Problemen des Subjekts *(Problemorientierung)* anzusetzen. Das Postulate der Subjektorientierung hängt eng zusammen mit dem Postulat der Alltagsorientierung, das hier nicht weiter ausdifferenziert werden braucht.
- Das Postulat der sorgfältigen *Deskription* impliziert drei methodische Grundsätze, die in qualitativen Ansätzen immer wieder betont werden. Genaue Beschreibung heißt zunächst einmal, dass am einzelnen Fall (Subjekt) angesetzt werden muss *(Einzelfallbezogenheit)*. Genaue Beschreibung ist nur möglich, wenn

dem Gegenstand (dem Subjekt) mit möglichst großer *Offenheit* gegenübergetreten wird, die dabei eingesetzten methodischen Schritte jedoch einer genauesten *Kontrolle* unterworfen werden.
- Das Postulat der Interpretation bedeutet zunächst, dass vorurteilsfreie Forschung nie ganz möglich ist, dass also das *Vorverständnis* bezüglich des Forschungsgegenstandes zu explizieren ist. Es bedeutet auch, dass *Introspektion*, das Zulassen eigener subjektiver Erfahrungen mit dem Forschungsgegenstand ein legitimes Erkenntnismittel ist. Forschung ist danach immer als Prozess der Auseinandersetzung mit dem Gegenstand, als Forscher-Gegenstands-Interaktion aufzufassen.
- Schließlich lässt sich das Postulat der schrittweisen Verallgemeinerung differenzieren durch die Forderung nach *argumentativer Verallgemeinerung*, durch den Verweis auf die Möglichkeiten der *Induktion* und durch die Formulierung eines *Regelbegriffs* als Ziel der Verallgemeinerung an Stelle eines starren Gesetzesbegriffes. Aber auch qualitative Forschung muss zur Verallgemeinerung ihre Ergebnisse prüfen, an welchen Stellen *Quantifizierungen* sinnvoll möglich sind.

Diese Differenzierungen lassen sich nun in einem Modell zusammenstellen. Ausgehend von den fünf Postulaten haben sich 13 Säulen qualitativen Denkens ergeben (Abb. 1, S. 15).

Diese methodischen Säulen sollen nun nacheinander erläutert werden, um das Gebäude qualitativen Denkens in seiner Konstruktion zu stabilisieren. Sie sollen so beschrieben werden, dass daraus Standards qualitativer Forschung abgeleitet werden können.

1) Einzelfallbezogenheit

Wissenschaftliches Denken wird immer auch versuchen, über Einzelfälle hinauszugehen und allgemeinere Aussagen zu formulieren. Es besteht jedoch bei rein quantitativem Vorgehen die Gefahr, dass man sich zu sehr vom Ausgangsmaterial, den einzelnen Fällen, entfernt. Es sei hier ein klassisches Beispiel angeführt: Durch eine rein quantitative Korrelationsstudie lässt sich nachweisen, dass eine sta-

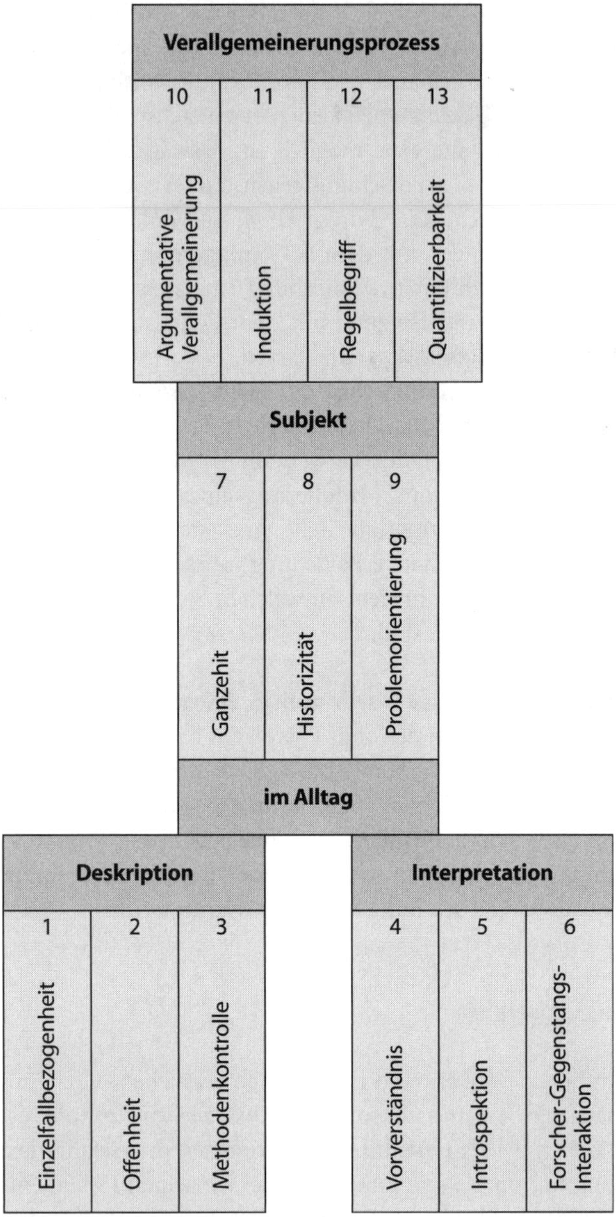

Theorie qualitativen Denkens

Verallgemeinerungsprozess			
10	11	12	13
Argumentative Verallgemeinerung	Induktion	Regelbegriff	Quantifizierbarkeit

Subjekt		
7	8	9
Ganzeheit	Historizität	Problemorientierung

im Alltag

Deskription				Interpretation		
1	2	3		4	5	6
Einzelfallbezogenheit	Offenheit	Methodenkontrolle		Vorverständnis	Introspektion	Forscher-Gegenstangs-Interaktion

Abb. 1: ***Säulen qualitativen Denkens***

tistisch signifikante Korrelation besteht zwischen der Anzahl von Störchen und der Anzahl an Geburten. Städte und Gemeinden, in denen sich mehr Störche angesiedelt haben, wiesen höhere Geburtenraten auf. In ähnlichen (plausiblen) Fällen ist man schnell bereit, diese Korrelation als Beleg für einen Kausalzusammenhang zu nehmen: Die Babys werden eben doch vom Storch gebracht. Die Analyse eines einzigen Einzelfalles (entweder eines Storches oder einer Geburt) hätte jedoch schnell gezeigt, dass es sich um eine Scheinkorrelation handelt. Die Einzelfallanalyse hätte auch gezeigt, dass es die ländlichen Lebensbedingungen sind, die hinter beidem (der erhöhten Storchen- und Geburtenrate) stehen. Und das ist mit Einzelfallbezogenheit gemeint: Die Ergebnisse und die Verfahrensweisen können sich wohl von den einzelnen Fällen wegbewegen, sie müssen aber immer wieder auf Einzelfälle bezogen werden. Auch bei größeren Stichproben sollte man Einzelfallanalysen einbauen, an denen man die Adäquatheit von Verfahrensweisen und Ergebnisinterpretation immer wieder überprüfen kann. Darüber hinaus können Einzelfallanalysen eigene Fragestellungen verfolgen: Anhand einzelner Fälle können Allgemeingültigkeit beanspruchende Theorien widerlegt werden, Alternativerklärungen verglichen werden, Interaktions- und Kontextannahmen überprüft werden (vgl. auch Kap. 3.1). Hier aber soll die korrektive Funktion von Fallanalysen in jeder Art der Forschung betont werden. Daraus lässt sich nun der erste Standard qualitativer Forschung formulieren:

> Im Forschungsprozess müssen immer auch Einzelfälle mit erhoben und analysiert werden, an denen die Adäquatheit von Verfahrensweisen und Ergebnisinterpretationen laufend überprüft werden kann.

2) Offenheit

Das Prinzip der Offenheit dem Untersuchungsgegenstand gegenüber wird von Christa Hoffmann-Riem (1980) als ein Hauptprinzip interpretativer Forschung dargestellt. Ohne Offenheit ist eine »saubere« Deskription nicht möglich. Diese Offenheit lässt sich auf theoretischer und methodischer Ebene festmachen. Sowohl theoretische Strukturierungen und Hypothesen als auch methodische Verfahren dürfen im Forschungsprozess den Blick auf wesentliche Aspekte des Gegenstandes nicht versperren. Sie müssen sich erweitern, modifizieren, auch revidieren lassen, wenn es notwendig erscheint. Das Prinzip der Offenheit auf *theoretischer* Ebene zielt vor allem ab auf eine Kritik strenger Hypothesengeleitetheit der Forschung. Danach sei es nur wissenschaftlich, wenn *vor* der empirischen Untersuchung des Gegenstandes theoretisch fundierte Hypothesen formuliert werden, die dann nur noch am Gegenstand überprüft werden. Längst ist es jedoch Forschungsalltag, dass während der Untersuchungen neue interessante Aspekte auftauchen, die mit ausgewertet werden sollen. Hier nun zu mogeln, wie es meist geschieht, und im Forschungsbericht zu schreiben, man hätte darüber bereits eine Hypothese gehabt, ist natürlich unlauter. Besser gesteht man sich von Anfang an mehr Offenheit dem Gegenstand gegenüber zu, behält während des ganzen Forschungsprozesses die Augen offen für Unerwartetes. Dieses Prinzip darf natürlich nicht im Sinne einer Theoriefeindlichkeit interpretiert werden. Theoretische Vorstrukturierungen, auch Hypothesen, bleiben nach wie vor ein wichtiges Erkenntnismittel. Theoretische Formulierungen bedeuten ja nichts anderes als die Zusammenfassung und Strukturierung allen bisherigen Wissens über den Untersuchungsgegenstand. Daran muss in jedem Fall angeknüpft werden.

Dass das Prinzip der Offenheit auf *methodischer* Ebene verletzt ist, zeigt sich besonders deutlich dann, wenn im Auswertungskonzept die Kategorie »nicht einzuordnen« oder »Sonstiges« häufig kodiert wird. Wenn sich im Forschungsprozess erweist, dass die Instrumente viel wichtiges Material nicht erfassen können, muss man eben auch hier offen sein für Ergänzungen und Revisionen. Dies ist also der zweite Standard qualitativer Forschung:

> Der Forschungsprozess muss so offen dem Gegenstand gegenüber gehalten werden, dass Neufassungen, Ergänzungen und Revisionen sowohl der theoretischen Strukturierungen und Hypothesen als auch der Methoden möglich sind, wenn der Gegenstand dies erfordert.

3) Methodenkontrolle

Eine gute, auch deskriptive Erfassung des Gegenstandes ist nur möglich, wenn die Methoden der Erkenntnisgewinnung trotz der eben geforderten Offenheit einer ständigen Kontrolle unterzogen werden. Dies ist ein Standard, der in den bisherigen qualitativen Ansätzen immer wieder vernachlässigt wird. Die besten und einleuchtenden Ergebnisse sind sinnlos, wenn sie nicht überprüft werden können, das heißt durch ein explizites, methodisch kontrolliertes Verfahren abgesichert sind. Denn das Ergebnis kann nur nachvollzogen werden über den Weg, der zu ihm geführt hat. Die Forderung nach Methodenkontrolle bedeutet dabei zweierlei: Das Verfahren muss expliziert werden und es muss sich an begründeten Regeln orientieren. Zum ersten Punkt: Je offener das Vorgehen ist, desto genauer muss beschrieben werden, wie im einzelnen, Schritt für Schritt, der Forschungsprozess ablief. Jede Einzelne Verfahrensweise muss expliziert und dokumentiert werden. Zweitens heißt methodisch kontrolliertes Vorgehen aber auch Regelgeleitetheit. Offene Verfahren werden dadurch abgesichert, dass sie nach einer systematischen Prozedur ablaufen. Die Verfahrensschritte folgen vorher explizierten Regeln und lassen sich so begründen. Dies stellt dann auch eine Grundlage dar für die Verallgemeinerbarkeit der Ergebnisse.

> Der Forschungsprozess muss trotz seiner Offenheit methodisch kontrolliert ablaufen, die einzelnen Verfahrensschritte müssen expliziert, dokumentiert werden und nach begründeten Regeln ablaufen.

4) Vorverständnis

Wenn davon ausgegangen wird, dass humanwissenschaftliche Gegenstände immer gedeutet, interpretiert werden müssen, so heißt das auch, dass diese Deutungen nie voraussetzungslos möglich sind. Das eigene Vorverständnis beeinflusst immer die Interpretation – das ist einer der Grundsätze der Hermeneutik. Die Forderung für ein interpretativ orientiertes Vorgehen lautet also, dieses Vorverständnis zu Beginn der Analyse offen zu legen, am Gegenstand weiterzuentwickeln und so den Einfluss des Vorverständnisses überprüfbar zu machen (Kleining 1982). Das Vorgehen ist bekannt als »hermeneutischer Zirkel« oder besser »hermeneutische Spirale« und lässt sich folgendermaßen schematisch darstellen (nach Danner 1979, S. 53):

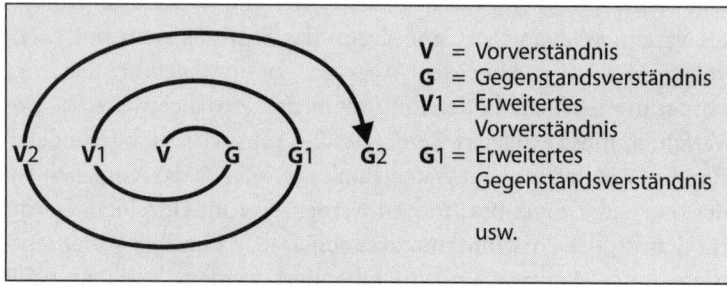

Abb. 2: *Die hermeneutische Spirale* (nach Danner 1979)

Diese Offenlegung und Weiterentwicklung des Vorverständnisses ist nicht nur Forderung geisteswissenschaftlicher Hermeneutik. Auch die kritische Gesellschaftstheorie (vgl. z.B. Adorno et al. 1969) stellt dieses Verfahren als notwendige Alternative zu einem naturwissenschaftlich verkürzten, angeblich wertfreien Vorgehen dar. Denn auch ohne Explikation des Vorverständnisses prägt der Standpunkt des Forschers den gesamten Forschungsprozess (vgl. Ulich 1972).

> Die Analyse sozialwissenschaftlicher Gegenstände ist immer vom Vorverständnis des Analytikers geprägt. Das Vorverständnis muss deshalb offen gelegt und schrittweise am Gegenstand weiterentwickelt werden.

5) Introspektion

Ob die Introspektion, die Analyse eigenen Denkens, Fühlens und Handelns, eine wissenschaftlich fundierte Methode sei, wurde vor allem in der Psychologie lange diskutiert. Aber auch die anderen Humanwissenschaften sind von dieser Frage betroffen. In der modernen Wissenschaftsgeschichte war Franz Brentano einer der Ersten, der die »innere Wahrnehmung« als einzig möglichen Zugang zu innerpsychischen Phänomenen herausstrich. Wilhelm Wundt versuchte diesen Zugang zu systematisieren, indem die durch Introspektion zu analysierenden inneren Prozesse kontrolliert, quasi-experimentell hervorgerufen werden sollten. Auch William James favorisierte den Selbstbeobachtungszugang (vgl. zur Geschichte der Introspektion z.B. Boring 1953; Lyons 1986). Der Behaviorismus jedoch, der als Daten nur objektiv beobachtbares Verhalten und äußere situative Faktoren zuließ, brachte die Introspektion schnell zum Verschwinden; sie ist seitdem aus dem Methodenkanon gestrichen. Erst jüngst regen sich wieder Forderungen nach einer Rehabilitation dieses Zuganges (z.B. Lyons 1986). Aus qualitativ-interpretativer Sicht ist das natürlich zu begrüßen, denn die Explikation des Vorverständnisses, die interpretative Erschließung des Gegenstandes ohne Introspektion ist gar nicht möglich. Auch in rein quantitative Forschung fließen introspektive Daten ein. Dies jedoch ist ein Grundzug qualitativen Denkens: solche Prozesse zu explizieren und so einer wissenschaftlichen Überprüfung zuzuführen.

> Bei der Analyse werden auch introspektive Daten als Informationsquelle zugelassen. Sie müssen jedoch als solche ausgewiesen, begründet und überprüft werden.

6) Forscher-Gegenstands-Interaktion

Die Beziehung des/der Forschers/Forscherin zu seinem/ihrem Gegenstand darf nach qualitativem Denken nicht statisch gesehen werden. Sowohl der Forscher als auch sein Gegenstand verändern sich durch den Forschungsprozess, er ist also als eine Interaktion aufzufassen (Hoffmann-Riem 1980).

Bereits in den Naturwissenschaften ist heute anerkannt, dass es keine objektiven Messungen gibt, dass jede Messung einen Eingriff in den Gegenstandsbereich und damit eine Veränderung des Gegenstands bedeutet. In den Sozialwissenschaften kommt dazu, dass ihre Gegenstände auf Forschung reagierende, sich verändernde Subjekte sind, von denen man nur durch Kommunikationsprozesse »Daten« gewinnen kann. Diese »Daten« sind zudem immer subjektive Deutungen, die in bestimmten Interaktionsprozessen entstehen, wie es das Programm des »Symbolischen Interaktionismus« am klarsten zum Ausdruck bringt: »Die erste Prämisse besagt, dass Menschen ›Dingen‹ gegenüber auf der Grundlage der Bedeutungen handeln, die diese Dinge für sie besitzen. ... Die zweite Prämisse besagt, dass die Bedeutung solcher Dinge aus der sozialen Interaktion, die man mit seinen Mitmenschen eingeht, abgeleitet ist oder aus ihr entsteht. Die dritte Prämisse besagt, dass diese Bedeutungen in einem interpretativen Prozess, den die Personen in ihrer Auseinandersetzung mit den ihr begegnenden Dingen benutzt, gehandhabt und abgeändert werden.« (Blumer 1973, S. 81) Damit soll nicht die Existenz objektiver Eigenschaften von humanwissenschaftlichen Gegenständen abgestritten werden. Der Zugang aber wird immer über subjektive Deutungen laufen müssen, ist immer an Interaktionsprozesse gebunden.

Dass im Forschungsprozess als Interaktion auch die Probleme des/der Forschers/Forscherin, seine/ihre Ängste, Prozesse der Gegenübertragung im Sinne der Psychoanalyse, ein nicht wegzudiskutierender Bestandteil sind, hat Devereux (1967) besonders anschaulich gezeigt. Die Interaktionsprozesse von sich verändernden Forschern und Subjekten sind also die eigentlichen Daten der Sozialwissenschaften im Sinne qualitativer Forschung. In diesem Sinne kann man auch von qualitativer Forschung als Dialog sprechen (Sommer 1987; Scheele/Groeben 1988).

> Forschung wird als Interaktionsprozess aufgefasst, in dem sich Forscher und Gegenstand verändern.

7) Ganzheit

Eines der wichtigsten Merkmale der Subjektauffassung qualitativen Denkens ist die Betonung der Ganzheitlichkeit des Menschen. In Bezug auf die Ganzheitliche Medizin wurde bereits herausgestellt, dass die isolierte Betrachtung einzelner Aspekte menschlichen Daseins ohne Rückbezug auf den ganzen Menschen Fehlerquellen in sich birgt. Die analytische Trennung in einzelne Teile, Variablen, kann zwar sinnvoll sein, immer aber muss nach den umfassenden Bedeutungsstrukturen gefragt werden. Ganzheitliches Denken hat auch in der Psychologie eine lange Tradition (Wundt, Krueger, Wertheimer, Köhler, Koffka usw., vgl. dazu z.B. Baßler 1988). In der Soziologie hat vor allem die kritische Gesellschaftstheorie der Frankfurter Schule die Berücksichtigung der gesellschaftlichen Ganzheit (Totalität) gefordert und dabei auf das dialektische Verhältnis der Einzelelemente und der Totalität hingewiesen: »So wenig jenes Ganze vom Leben, von der Kooperation und dem Antagonismus seiner Elemente abzusondern ist, so wenig kann irgendein Element auch bloß in seinem Funktionieren verstanden werden ohne Einsicht in das Ganze, das an der Bewegung des Einzelnen selbst sein Wesen hat.« (Adorno et al. 1969, S. 12) Aber auch in der Pädagogik wird immer wieder eine ganzheitliche, das ganze Subjekt berücksichtigende Erziehung gefordert (vgl. z.B. Linde 1984). Das holistische Menschenbild legt dabei Wert darauf, die einzelnen menschlichen Funktionsbereiche (Denken, Fühlen, Handeln) und Lebensbereiche (Gesellschaft, Beruf, Familie, Freundeskreis …) nur als analytische Differenzierungen zu betrachten, die immer wieder zusammengeführt werden müssen. Das ist auch der Grundgedanke einzelfallorientierten Vorgehens (vgl. Säule 1).

> Analytische Trennungen in menschliche Funktions- bzw. Lebensbereiche müssen immer wieder zusammengeführt werden und in einer ganzheitlichen Betrachtung interpretiert und korrigiert werden.

8) Historizität

Die Vernachlässigung der historischen Dimension hat in den Humanwissenschaften schon zu den erstaunlichsten Fehlinterpretationen geführt. So wurden beispielsweise in den USA in den 40er-Jahren Erwachsene aller Altersstufen einem neu entwickelten Intelligenztest unterzogen. Junge Erwachsenen erzielten die besten Ergebnisse, mit zunehmendem Alter nahmen die Intelligenzpunkte ab. Lange galt dies als Beweis für den Intelligenzabbau schon ab dem mittleren Erwachsenenalter, bis historische Überlegungen die Ergebnisse ins Wanken brachten. Denn der Intelligenztest war auf das Bildungssystem der Jüngeren ausgerichtet; hätte man den Test auf die Inhalte bezogen, die um die Jahrhundertwende unterrichtet wurden, so wäre man vielleicht zu umgekehrten Ergebnissen gekommen (vgl. dazu Lehr 1984). In diesem Sinne kritisiert Holzkamp (1983), dass die ahistorische Gegenstandsauffassung traditioneller quantitativ-orientierter Forschung bereits in ihren Grundbegriffen (Kategorien) liege, die den Blick auf Veränderungsprozesse und historische Zusammenhänge verstellten. Im humanwissenschaftlichen Bereich haben aber historische Erklärungen prinzipiellen Vorrang; Verallgemeinerungen, die von den konkreten Kontextbedingungen absehen, müssen immer erst sorgfältig überprüft werden (vgl. Jüttemann 1986).

> Die Gegenstandsauffassung im qualitativen Denken muss immer primär historisch sein, da humanwissenschaftliche Gegenstände immer eine Geschichte haben, sich immer verändern können.

9) Problemorientierung

In qualitativ orientierter Forschung wird immer wieder betont, dass eine Trennung zwischen grundlagen- und anwendungsbezogener Forschung für die Humanwissenschaften weniger sinnvoll sei. Qualitatives Denken, so wird gefordert, soll direkt an praktischen Problemstellungen ihres Gegenstandsbereiches ansetzen und seine Ergebnisse wieder auf die Praxis beziehen. Gerade wenn man betont, dass die sozialwissenschaftlichen Gegenstände immer kontextspezifisch, subjektiv gedeutet, historisch eingebunden sind, so scheint in der Tat eine abgehobene, reine Grundlagenforschung problematisch. So hat Witzel (1982, 1985) beispielsweise für das sozialwissenschaftliche Interview eine solche Problemzentrierung gefordert. »Problemzentrierung kennzeichnet dabei zunächst den Ausgangspunkt einer vom Forscher wahrgenommenen gesellschaftlichen Problemstellung.« (Witzel 1982, S. 67) Die kritische Theorie in der Soziologie sowie die kritische Psychologie, aber auch die pädagogische Handlungsforschung haben eine solche gesellschaftliche Praxisorientierung immer wieder gefordert. Aber auch für andere sozialwissenschaftliche Bereiche gilt dieses Primat der praktischen Problemstellungen als Ansatzpunkt und Ziel der Untersuchung.

> Der Ansatzpunkt humanwissenschaftlicher Untersuchungen sollen primär konkrete, praktische Problemstellungen im Gegenstandsbereich sein, auf die dann auch die Untersuchungsergebnisse bezogen werden können.

10) Argumentative Verallgemeinerung

Untersuchungsergebnisse humanwissenschaftlicher Forschung besitzen ihre Gültigkeit zunächst immer nur für den Bereich, in dem sie gewonnen wurden. Will man sie für andere Probleme, für andere Bereiche nutzen, so müssen sie verallgemeinert werden. Dabei will sich qualitative Forschung weniger auf vorgegebene Verallgemeinerungsverfahren (z.B. die Benutzung repräsentativer Stichproben) verlassen. In jedem einzelnen Fall muss argumentiert werden, warum die Verallgemeinerung zulässig ist. Auf die einzelnen Verfahren der Verallgemeinerung wird noch im Rahmen der Gütekriterien (Kap. 5) eingegangen werden. Es muss dabei genau bestimmt werden, welche Elemente aus den Ergebnissen verallgemeinerbar sind und woraufhin (auf welche Situationen, für welche Zeiten) sie verallgemeinerbar sind (vgl. dazu Heinze et al. 1975; Terhart 1981).

Qualitative Forschung kann sich dabei der unterschiedlichsten Argumente bedienen, von Situationsanalysen bis zur Befragung der Betroffenen (vgl. Kap. 5). In jedem Falle aber müssen die Generalisierungen im Einzelfall begründet werden.

> Bei der Verallgemeinerung der Ergebnisse humanwissenschaftlicher Forschung muss explizit, argumentativ abgesichert begründet werden, welche Ergebnisse auf welche Situationen, Bereiche, Zeiten hin generalisiert werden können.

11) Induktion

Naturwissenschaftlich-quantitativ ausgerichtete Forschung hat sich immer am Ideal deduktiver Geltungsbegründung orientiert (z.B. Popper 1984). Eine allgemeine Hypothese am Beginn der Untersuchung formuliert einen Zusammenhang; aus der Hypothese werden spezifische, am konkreten Gegenstand überprüfbare Sätze deduktiv abgeleitet. Wenn die spezifischen Sätze der Überprüfung standhalten, kann die allgemeine Hypothese als vorläufig bestätigt gelten; anderenfalls ist sie ein für alle Mal widerlegt, falsifiziert. Der kritische Rationalismus, wie ihn Karl Popper (1984) formuliert hat, geht dabei sogar so weit zu behaupten, dass die Falsifikation von Hypothesen das einzige wissenschaftlich exakte Verfahren sei; wenn man nur genügend allgemeine Hypothesen widerlegt habe, müsse die »Wahrheit« übrig bleiben.

> In sozialwissenschaftlichen Untersuchungen spielen induktive Verfahren zur Stützung und Verallgemeinerung der Ergebnisse eine zentrale Rolle, sie müssen jedoch kontrolliert werden.

Das ist jedoch eine völlig weltfremde Auffassung, denn die meisten Wissenschaftler/innen gehen insgeheim mehr den umgekehrten, den induktiven Weg: Aus einzelnen Beobachtungen setzen sich die ersten Zusammenhangsvermutungen zusammen, die dann durch systematische weitere Beobachtungen zu erhärten versucht werden.

Qualitatives Denken lässt dieses induktive Vorgehen ganz explizit zu, um es dann aber auch zu kontrollieren, zu überprüfen (Manning 1982; Jüttemann 1985a; Flick et al. 1991, S. 446ff.).

12) Regelbegriff

Eng verwandt mit dem vorherigen Punkt ist die Einsicht, dass es in den Humanwissenschaften wenig sinnvoll ist, nach raumzeitlich unabhängigen allgemeinen Gesetzen zu suchen. Solche Naturgesetze gibt es eben nur in den Naturwissenschaften, und selbst dort sind sie umstritten. Ein deduktionslogisches Vorgehen, wie es im letzten Punkt kritisiert wurde, setzt aber solche allgemein gültigen Gesetze voraus. Das qualitative Denken stellt hier den Regelbegriff dagegen (vgl. z.B. Girtler 1984; Giddens 1984); es geht davon aus, dass Menschen nicht nach Gesetzen quasi automatisch funktionieren, sondern sich höchstens Regelmäßigkeiten in ihrem Denken, Fühlen und Handeln feststellen lassen. Solche Regelmäßigkeiten sind keine rein automatischen Prozesse, sondern werden vom Menschen selbst auch hervorgerufen: Abweichungen werden dadurch zugelassen (»Keine Regel ohne Ausnahme!«). Regeln sind immer auch an situative, soziohistorische Kontexte gebunden. So erscheint der Regelbegriff für den humanwissenschaftlichen Gegenstandsbereich weitaus adäquater als der Gesetzesbegriff (vgl. auch Aschenbach 1984; Hubig 1987; Laucken 1989).

> Im humanwissenschaftlichen Gegenstandsbereich werden Gleichförmigkeiten nicht mit allgemein gültigen Gesetzen, sondern besser mit kontextgebundenen Regeln abgebildet.

13) Quantifizierbarkeit

Eine wichtige Funktion qualitativen Denkens ist es, sinnvolle Quantifizierungen zu ermöglichen. Durch dieses integrative Verständnis wird der Gegensatz qualitativ–quantitativ entschärft, werden die Verbindungslinien aufgezeigt. Die Ermöglichung sinnvoller Quantifizierungen findet nun auf verschiedenen Ebenen statt. Einmal werden im Forschungsprozess die Punkte aufgezeigt, an denen quantitative Analyseschritte einsetzen können. Zum anderen setzt Quantifizierung immer die Bildung von Einheiten voraus, die dann Grundlage der mathematischen Operationen werden. Diese Einheiten müssen vergleichbar sein, und um das herauszuarbeiten, sind qualitative Analyseschritte notwendig. Und schließlich – das wurde schon mehrfach betont – müssen die Ergebnisse der quantitativen Analyseschritte auf den Ausgangspunkt rückbezogen und interpretiert werden. Denn mittlerweile setzt sich auch innerhalb der qualitativen Analyse die Einsicht durch, dass Quantifizierungen ein wichtiger Schritt zur Absicherung und Verallgemeinerung der Ergebnisse sein können.

> Auch in qualitativ orientierten humanwissenschaftlichen Untersuchungen können – mittels qualitativer Analyse – die Voraussetzungen für sinnvolle Quantifizierungen zur Absicherung und Verallgemeinerbarkeit der Ergebnisse geschaffen werden.

Damit sind nun 13 Säulen qualitativen Denkens beschrieben. Sie bilden die Grundlage zur Entwicklung qualitativer Untersuchungspläne und -verfahren (vgl. Kap. 3 und 4). Mit ihrer Hilfe kann man aber auch überprüfen, inwieweit humanwissenschaftliche Untersuchungen qualitatives Denken ausreichend berücksichtigen. Sie dienen so also quasi als qualitative Checkliste. Danach können Untersuchungen als ausreichend qualitativ abgesichert gelten,

- wenn auch Einzelfallanalysen in den Forschungsprozess eingebaut sind;
- wenn der Forschungsprozess grundsätzlich für Ergänzungen und Revisionen offen gehalten wird;
- wenn methodisch kontrolliert, d.h. die Verfahrensschritte explizierend und regelgeleitet vorgegangen wird;
- wenn das Vorverständnis des Forschers, der Forscherin offen gelegt wird;

- wenn grundsätzlich auch introspektives Material zur Analyse zugelassen wird;
- wenn der Forschungsprozess als Interaktion betrachtet wird;
- wenn auch eine ganzheitliche Gegenstandsauffassung ersichtlich ist;
- wenn der Gegenstand auch in seinem historischen Kontext gesehen wird;
- wenn an konkreten praktischen Problemstellungen angeknüpft wird;
- wenn die Verallgemeinerbarkeit der Ergebnisse argumentativ begründet ist;
- wenn zur Stützung und Verallgemeinerung der Ergebnisse auch induktive Verfahren zugelassen werden;
- wenn die Gleichförmigkeit im Gegenstandsbereich mit kontextgebundenen Regeln abgebildet werden, ein starrer Gesetzesbegriff vermieden wird;
- wenn durch qualitative Analyseschritte die Voraussetzungen für sinnvolle Quantifizierungen bedacht wurden.

3. Untersuchungspläne qualitativer Forschung

Bevor nun gezeigt werden soll, wie sich diese theoretischen Grundlagen qualitativen Denkens in konkrete Untersuchungsmethoden umsetzen lassen, muss eine wichtige Unterscheidung eingeführt werden: Der *Untersuchungsplan* (dieses Kapitel) meint die grundsätzliche Untersuchungsanalyse, im angelsächsischen Raum unter dem Begriff »design« bekannt, auch als Forschungsarrangement, Forschungstypus oder Forschungskonzeption bezeichnet. Der Untersuchungsplan umfasst auf formaler Ebene Untersuchungsziel und -ablauf, er »stellt als Rahmenbedingung Regeln auf, die die Kommunikationsmöglichkeiten zwischen Proband und Forscher wesentlich bestimmen« (Haußer 1982, S. 62). Davon unterschieden werden die konkreten Untersuchungsverfahren (Kap. 4), also die Methoden der Datenerhebung, Datenaufbereitung und Auswertung. Diese Unterscheidung zwischen Untersuchungsplan und Untersuchungsverfahren wird viel zu wenig beachtet, was dann oft zu einem Durcheinander an Methoden führt (z.B. bei Heller/Rosemann 1974; Isaac/Michael 1971; Friedrichs 1973; Schrader 1971; Krapp/Prell 1975; Mayntz/Holm/Hübner 1972). Diese Unterscheidung wird später auch zeigen (Kap. 4.4), wo die Kombinationsmöglichkeiten von Untersuchungsplänen und Techniken liegen. Das ermöglicht uns dann einen sehr flexiblen, möglichst gegenstandsangemessenen Einsatz qualitativer Methoden.

Nun zu den Untersuchungsplänen qualitativ orientierter Forschung. Es sollen in diesem Kapitel Forschungsdesigns angesprochen werden, die sich besonders gut für qualitative Forschung eignen, also genügend Platz für qualitatives Denken lassen: die Einzelfallanalyse, die Dokumentenanalyse, die Handlungsforschung, die deskriptive Feldforschung, das qualitative Experiment, die qualitative Evaluation. Dabei werden jeweils Grundgedanken, Vorgehen und Anwendungsmöglichkeiten besonders herausgearbeitet.

Zum Abschluss jedes Abschnittes, in diesem und im nächsten Kapitel (Verfahren qualitativer Analyse), soll dann ein konkretes Forschungsbeispiel angeführt werden. Alle Beispiele entstammen einem in der qualitativen Forschung besonders prominenten Bereich: der Arbeitslosenforschung. Auf diese Weise kann man sich auch vergegenwärtigen, was das jeweilige qualitative Design, die jeweiligen qualitativen Verfahren zum Verständnis der psychosozialen Auswirkungen von Arbeitslosigkeit beitragen können. Dieses Beispiel wurde ausgewählt, weil verschiedene Disziplinen (Soziologie, Psychologie, Pädagogik) auf dem Gebiet arbeiten, aber auch weil Arbeitslosigkeit ein zentrales soziales Problem unserer Zeit ist. Trotz des Nachweises gravierendster negativer Auswirkungen für die Betroffenen (vgl. z.B. Kieselbach/Wacker 1985; Schultz-Gambard/Balz 1988) wird wenig gegen Arbeitslosigkeit unternommen, wird uns suggeriert, wir müssten uns mit einer Sockelarbeitslosenrate abfinden. Qualitative Arbeitslosenforschung kann hier dazu dienen, das Problembewusstsein wach zu halten und die Notwendigkeit einer raschen politischen Lösung zu unterstreichen (vgl. auch Flick et al. 1991, S. 294ff.).

3.1 Einzelfallanalyse

Die Forderung nach Einzelfallanalysen steht innerhalb der qualitativen Ansätze an zentraler Stelle (vgl. Kap. 2). »Das qualitative Paradigma ist bemüht, den Objektbereich (Mensch) in seinem konkreten Kontext und seiner Individualität zu verstehen.« (Lamnek 1988, S. 204), und dazu ist ein »idiografischer« (vgl. Hubig 1987), auf einzelne Fälle bezogener Ansatz nötig. Der Gegenstand einer Fallanalyse kann dabei auch ein komplexeres soziales System sein (Familie, gesellschaftliche Subgruppe usw.), die Grundgedanken bleiben aber die gleichen.

Die Vorläufer wissenschaftlicher Fallanalysen reichen vom klassischen Entwicklungsroman (z.B. Goethes »Dichtung und Wahrheit«) über völkerkundliche Personenbeschreibungen und psychiatrische Fallanalysen bis zu systematisch gesammelten Arbeiterbiografien im Rahmen der Arbeiterbewegung (vgl. Fuchs 1984; Paul

1979). In der Soziologie der letzten Jahre hat die Biografische Forschung wieder am stärksten Fuß gefasst (vgl. Bertaux/Kohli 1984), aber auch Pädagogik (Herrmann 1987; Shulman 1992) und Psychologie (Jüttemann/Thomae 1987) betonen heute ihre Vorzüge.

Worum geht es nun in der Einzelfallanalyse? Die Komplexität des ganzen Falles, die Zusammenhänge der Funktions- und Lebensbereiche in der Ganzheit der Person und der historische, lebensgeschichtliche Hintergrund sollen hier besonders betont werden. Fallanalysen stellen eine entscheidende Hilfe dar bei der Suche nach relevanten Einflussfaktoren und bei der Interpretation von Zusammenhängen. Immer wenn im Forschungsprozess zur Beantwortung der Fragestellungen Abstraktionen vorgenommen werden (Variablenauswahl, Hypothesenformulierung), kann man durch Fallanalysen auf einen ganzen Lebenszusammenhang, zumindest einen Ausschnitt davon, zurückgreifen. Ist mein Vorgehen auch für den konkreten Fall x schlüssig? Stimmen meine Methoden? Wie lassen sich die Ergebnisse interpretieren? Der Rückgriff auf Fallmaterial kann hier ein entscheidendes Korrektiv humanwissenschaftlicher Forschung darstellen. Denn in der klassischen quantitativen Forschung ist ein solcher Rückgriff nach Abschluss der Datensammlung nicht mehr möglich. Dazu tritt ein weiterer Vorteil der Fallanalyse: Je weniger Versuchspersonen analysiert werden, desto eher kann man auf die Besonderheiten des Falles eingehen, desto genauer kann die Analyse sein. Tiefer gehende Einsichten sind in so manchen sozialwissenschaftlichen Gegenstandsbereichen nur über Fallanalysen, nur auf dem Hintergrund des ganzen Lebenszusammenhanges einzelner Subjekte möglich.

> **Grundgedanke:** Die Einzelfallanalyse will sich während des gesamten Analyseprozesses den Rückgriff auf den Fall in seiner Ganzheit und Komplexität erhalten, um so zu genaueren und tief greifenderen Ergebnissen zu gelangen.

Das Material für Fallanalysen kann sehr vielfältig sein. Verwendet wurden bisher z.B. Beichten, von Ärzten erhobene Krankengeschichten (Anamnesen), Autobiografien, Memoiren, Tagebücher,

Briefe, Lebensläufe, Fallakten in der staatlichen Verwaltung, Nachrufe, Laufbahnen, persönliche Lebenspläne, aber auch Lebensentwürfe ganzer Gruppen, Institutionen, Organisationen (vgl. Paul 1979, S. 31ff.). Entscheidend ist aber, dass die gesamte Fallanalyse, so unterschiedlich ihr Material auch sein mag, sich an einen groben Vorgehensplan halten muss, der ihre wissenschaftliche Verwertbarkeit sicherstellt (vgl. dazu Fuchs 1984; Jüttemann/Thomae 1987).

Fünf Punkte erscheinen mir dabei zentral:
1) Die *Fragestellung* der Fallanalyse muss formuliert werden. Kein Fall ist an sich interessant. Es muss expliziert werden, was mit der Fallanalyse bezweckt werden soll.
2) Die *Falldefinition* stellt einen Kernpunkt der Analyse dar. Was soll als Fall gelten? Denkbar sind Extremfälle, Idealtypen, häufige Fälle, aber auch besonders seltene Fälle (»Anti-Typen«, vgl. Hommers 1987), Grenzfälle, theoretisch interessante Fälle (vgl. dazu Kap. 4.3.17). Die Bestimmung des Falles und dann auch des Materials, das an dem einzelnen Fall untersucht werden soll, hängen von der Fragestellung ab.
3) Nun müssen die spezifischen Methoden bestimmt (vgl. dazu Kap. 4) und das Material gesammelt werden.
4) Zur *Aufbereitung* des Materials gehört die Fixierung (Tonband, Video, Fallprotokolle …) und die Kommentierung des Materials (Kontextbindung der Erhebung, besondere Eindrücke). Bei der weiteren Bearbeitung des Materials haben sich die Arbeitsschritte der Fallzusammenfassung und Fallstrukturierung bewährt:
   - In der **Fallzusammenfassung** werden die wichtigsten Eckpunkte übersichtlich dargestellt. Bei biografischen Analysen sind dies z.B. die wichtigsten Lebensdaten in ihrer Chronologie.
   - Für die **Fallstrukturierung** wird versucht, das Material zu gliedern, in Abhängigkeit von Fragestellung und Theorie das Fallmaterial in einzelne Kategorien zu ordnen.
   Sie bilden die Grundlage der *Fallinterpretation*, ermöglichen, dass schrittweise Erklärungen an das Material herangetragen werden können (vgl. Bromley 1986).

5) Schließlich muss der einzelne Fall in einen größeren *Zusammenhang* eingeordnet werden. Er wird mit anderen Fällen verglichen, um die Gültigkeit der Ergebnisse abschätzen zu können.

> **Vorgehensweise:** Trotz vielfältigstem Material muss sich die Fallanalyse an einen groben Ablaufplan halten (Fragestellung, Falldefinition, Materialsammlung, Aufbereitung, Falleinordnung).

Ein Hauptproblem biografischer Fallanalysen ist, dass meist eine selbst erzählte Lebensgeschichte zu Grunde liegt, die subjektiven Verzerrungen unterworfen sein kann. Hier gibt es jedoch einige Möglichkeiten, die biografischen Daten zu erhärten: Man kann Diagramme mit Hoch- und Tiefpunkten der Lebenskurve zeichnen lassen; man kann zusätzlich Bezugspersonen befragen, weitere Informationsquellen heranziehen. Abbildung 3 gibt einen Überblick über solche Maßnahmen.

Die wichtigsten Ziele und Einsatzmöglichkeiten von Fallanalysen wurden bereits genannt: die Überprüfung der Adäquatheit der Methoden auf dem Hintergrund eines individuellen Falles; eine Erleichterung der Interpretation von quantitativ gewonnenen Ergebnissen und das Ermöglichen von tiefer gehenden Einsichten in schwer zugängliche Gegenstandsfelder.

Der letzte Punkt soll nun noch etwas verdeutlicht werden (vgl. dazu Fuchs 1984, S. 135ff.). Sozialwissenschaftler/innen sehen die Welt oft durch eine Mittelschichtbrille. Viele Untersuchungen über Arbeiterbiografien haben hier eine Erweiterung geschaffen (vgl. auch Mayring/Faltermaier/Ulich 1987). Fallanalysen haben in der Soziologie oft geholfen, Institutionen genauer zu analysieren, da sie die Innenschicht, das Handlungsverständnis unterhalb der Regeln institutioneller Strukturen freigelegt haben. Biografische Forschung geht darüber hinaus immer von der Prozesshaftigkeit des sozialen Lebens aus, einer Tatsache, die in klassischer Forschung oft unterschlagen wird.

Zielvorstellung	Vorgehen	Hilfsmittel
1) Erhöhung der kognitiven Repräsentation der Situationen bzw. Zeitpunkte	Visualisieren der Problemsituation aus der Vergangenheit	Situationsspezifisch ausgestaltete Tests und Materialien
2) Bestimmung der subjektiven Zeitrasterung (1. Schritt der Urteilsabsicherung)	Positive/negative Erlebnisse einer Zeitspanne zuordnen lassen; Hoch- und Tiefpunkte benennen	Exploration; grafische Diagramme zeichnen lassen, die Verlauf und Ereignis in Beziehung setzen
3) Zeitliche Entzerrung der individuellen Lebensgeschichte (2. Schritt der Urteilsabsicherung)	Erfassung der Problematik in verschiedenen Zeiten (bezogen auf vergangene Lebensphasen)	Hoch/Tiefpunkte auf Grund der subjektiven Zeitrasterung werden exploriert
4) Feststellung der Zuverlässigkeit der subjektiven Sicht (3. Schritt der Urteilsabsicherung)	Befragung von Bezugspersonen (z. B. Mutter/Vater; Vorgesetzte), Vergleiche zwischen Fremd- und Selbsteinschätzung	Selbsteinschätzungsskalen/Fremdeinschätzungsskalen; perzipierte Fremdeinschätzung
5) Aufdeckung von externen Einflussgrößen (4. Schritt der Urteilsabsicherung)	Heranziehung von (öffentlich zugänglichen) Informationsquellen; biografische, historische, ökonomische und politische Informationen müssen integriert werden	Archiv-/Tagebuchmaterial; Dokumente der Familiengeschichte; erkennbare kritische Lebensereignisse bestimmen

Abb. 3: **Schritte zur Erhöhung der Objektivität biografischer Daten**
(Thomae/Petermann 1983, S. 382)

> **Anwendungsgebiete:** Biografische Einzelfallanalysen dienen einerseits auch innerhalb quantitativer Forschung dazu, die Adäquatheit der Methoden zu überprüfen und die Ergebnisinterpretation zu erleichtern; andererseits fördern sie tiefer greifende Einsichten in sonst schwer zugängliche Bereiche zu Tage.

Beispiel: Die Forschungsgruppe »Arbeitslosigkeit und Lebenslauf« (Heinemeier/Robert 1984) geht davon aus, dass man über die psychosozialen Auswirkungen von Arbeitslosigkeit weniger erfährt, wenn man nur einzelne Aspekte der Betroffenheit in der Phase der Arbeitslosigkeit erhebt. Nur auf dem Hintergrund der gesamten Lebensgeschichte, innerhalb derer Arbeitslosigkeit eine Phase darstellt, lassen sich gültige Aussagen treffen. Deshalb wählte die Forschergruppe den Erhebungsplan einer Fallanalyse. Um für eingehendere Analysen Fälle auswählen zu können und um systematische Fallvergleiche vornehmen zu können, wurden zunächst 50 Einzelfälle erhoben. Es handelte sich dabei um biografische, narrative Interviews mit 50 männlichen Erwachsenen, die nach der Arbeitslosigkeit wieder Arbeit gefunden hatten. Heinemeier/Robert (1984) zeigen dann anhand eines Falles (Herr Zagel), wie Arbeitslosigkeit zur beruflichen Degradierung und Dequalifizierung (»soziale Rutschbahn«) und in der Folge zu einem Vertrauensverlust in die Gerechtigkeit und Angemessenheit von Regelungen des Sozialstaates führen kann (zur Erläuterung der qualitativen Vorgehensweise wird das Beispiel später wieder aufgegriffen).

3.2 Dokumentenanalyse

Die Dokumentenanalyse wird zwar in Methodenbüchern immer wieder als zentraler Bereich sozialwissenschaftlicher Forschung dargestellt (z.B. Festinger/Katz 1966; Cicourel 1970), kommt aber doch in den Einzelwissenschaften selten zum Einsatz (vielleicht mit der Ausnahme von Geschichte und Kommunikationswissenschaften). Das liegt auch daran, dass es sich hier um ein klassisches Feld qualitativ-interpretativer Analyse handelt. Dokumentenanalyse muss dabei sehr breit definiert werden (vgl. Ballstaedt 1987). Sie umfasst nicht nur Urkunden und Schriftstücke von besonderer Bedeutung, sondern »sämtliche gegenständlichen Zeugnisse, die als Quelle zur Erklärung menschlichen Verhaltens dienen können« (Atteslander 1971, S. 53, Orig. kursiv). Für den Humanwissenschaftler kann Dokument alles sein, Texte, Filme, Tonbänder, aber auch Gegenstände wie Werkzeuge, Bauten, Kunstgegenstände. Sie müssen nur interessante Schlüsse auf menschliches Denken, Fühlen und Handeln zulassen, das heißt, sie müssen interpretierbar sein, denn Dokumente werden als Objektivationen (Vergegenständlichungen) der Psyche des Urhebers (Ballstaedt 1987) angesehen. Diese Materialvielfalt kennzeichnet schon den ersten Hauptvorteil dieses Untersuchungsplanes. Er eröffnet Zugänge, erschließt Material, das in klassischen Methoden wie Test- oder Verhaltensbeobachtung unter den Tisch fällt. Der zweite Vorteil der Dokumentenanalyse ist, dass das Material, die Daten, bereits fertig sind, nicht eigens hervorgebracht, erfragt, ertestet werden müssen. Die Daten unterliegen damit weniger den Fehlerquellen der Datenerhebung; nur bei der Auswahl der Dokumente, nicht aber bei der Erhebung spielt die Subjektivität des Forschers herein. Dieser Grundgedanke wird in der Sozialforschung auch als nonreaktives Messen (Webb et al. 1975; Bungard/Lück 1974) bezeichnet, als Messen, das nicht in Reaktion auf eine Messanordnung erfolgt. Die Beliebtheit von Ausstellungsstücken im Museum wird dann eben nicht durch Befragungen erhoben, sondern aus dem Grad der Abgetretenheit des Bodenbelages (als Dokument für die Besucherwege) erschlossen.

> **Grundgedanke:** Dokumentenanalyse will Material erschließen, das nicht erst vom Forscher durch die Datenerhebung geschaffen werden muss. Dokumentenanalyse zeichnet sich durch die Vielfalt ihres Materials aus. Die qualitative Interpretation des Dokuments hat einen entscheidenden Stellenwert.

Die Dokumentenanalyse ist vor allem dann wichtig, wenn es sich um zurückliegende, um historische Ereignisse handelt. Deshalb stammen auch die Überlegungen zu systematischeren Vorgehensbeschreibungen aus den Geschichtswissenschaften. Quellenkunde, Quellenkritik stellen hier einen zentralen Bereich dar (vgl. z.B. v. Brandt 1980; Albrecht 1973). Man kann daraus zumindest sechs Kriterien für den Erkenntniswert von Dokumenten ableiten:

- Die *Art des Dokuments:* Urkunden und Akten werden in der Regel als gesicherter angesehen als beispielsweise Zeitungsberichte.
- Die *äußeren Merkmale* des Dokuments, also das Material und vor allem der Zustand, sind immer von besonderem Interesse.
- Die *inneren Merkmale*, also der Inhalt, sind zentral bei schriftlichen Dokumenten. Bei anderen Quellen ist damit die Aussagekraft des Dokumentes gemeint.
- Die *Intendiertheit* des Dokumentes beeinflusst ebenfalls den Erkenntniswert. Denn bei absichtlich für die Umwelt oder die Nachwelt geschaffenen Dokumenten treten neue Fehlerquellen auf.
- Die *Nähe* des Dokumentes *zum Gegenstand*, zu dem, was es dokumentieren soll, ist wichtig. Sowohl die zeitliche als auch die räumliche, aber auch die soziale Nähe gilt es zu betrachten.
- Schließlich ist die *Herkunft* des Dokumentes in Betracht zu ziehen. Wo ist es gefunden worden, wo stammt es her, wie ist es überliefert worden?

Die Einschätzung des Erkenntniswertes eines Dokumentes nach solchen Kriterien ist ein wichtiger Schritt der Dokumentenanalyse, den uns die historische Quellenkritik lehrt. Weitere Schritte sind jedoch notwendig. Der Ablauf einer Dokumentenanalyse lässt sich in vier Stufen unterteilen:

1) Eine klare Formulierung der *Fragestellung* steht auch in diesem Untersuchungsplan immer am Anfang.
2) Im zweiten Schritt muss *definiert* werden, *was* als Dokument gelten soll; es muss das Ausgangsmaterial bestimmt und das Material danach gesammelt werden.
3) Nun setzt die *Quellenkritik* an. Nach den oben genannten Kriterien wird eingeschätzt, was die Dokumente aussagen können, welchen Wert sie für die Beantwortung der Fragestellung haben.

4) Schließlich folgt die *Interpretation* der Dokumente im Sinne der Fragestellungen. Interpretative Methoden stehen hier an erster Stelle.

Atteslander (1971) bezeichnet das qualitative als das klassische methodische Vorgehen der Dokumentenanalyse. »Sein typisches Merkmal ist die *intensive, persönliche* Auseinandersetzung mit dem Dokument, welches in seiner Einmaligkeit möglichst umfassend durchleuchtet und interpretiert wird.« (Atteslander 1971, S. 67) Auf diesem Hintergrund können aber auch quantitative Analysemethoden eingesetzt werden, wie sie beispielsweise die quantitative Inhaltsanalyse (z.B. Lisch/Kriz 1978; Rust 1981; Merten 1983) zur Verfügung stellt.

> **Vorgehensweise:** Die Dokumentenanalyse muss zunächst ihr Ausgangsmaterial in Bezug auf eine Fragestellung genau definieren, bevor sein Aussagewert eingeschätzt werden kann und sein Gehalt interpretativ und eventuell quantitativ erschlossen werden kann.

Die Einsatzmöglichkeiten der Dokumentenanalyse bestimmen sich von der Vielfalt ihres Materials her. So können in größeren Forschungsprojekten fast immer Dokumentenanalysen eingebaut werden. Wegen ihres nichtreaktiven Charakters können sie dazu dienen, die Gültigkeit auf anderen Wegen gewonnenen Materials einzuschätzen. Überall dort, wo kein direkter Zugang durch Beobachten, Befragen, Messen möglich ist, stellt die Dokumentenanalyse den bevorzugten Untersuchungsplan dar. Die Vernachlässigung dieses Ansatzes bedeutet den Verzicht auf wertvolle Informationsquellen über menschliches Denken, Fühlen und Handeln.

> **Anwendungsgebiete:** Dokumentenanalysen empfehlen sich immer dann, wenn ein direkter Zugang durch Beobachten, Befragen oder Messen nicht möglich ist, trotzdem aber Material vorliegt. Dokumentenanalysen können aber vorteilhaft in jeden Forschungsplan eingebaut werden, sobald sich Quellen dazu anbieten.

Beispiel: Die Studie zur Jugendarbeitslosigkeit von Heinemann (1978) wollte der Frage nach dem Zusammenhang von Arbeitslosigkeit und Straffälligkeit nachgehen. Dabei stieß man in den Gerichtsakten straffälliger Jugendlicher auf ausführliches biografisches Material, das zum Gegenstand einer Dokumentenanalyse gemacht wurde. Zu Grunde gelegt wurden alle Verfahren im Bereich Trier zwischen 1973 und 1976 (560 Akten). Der erste Blick schien nun einen Zusammenhang zu bestätigen: 27% der Jugendlichen waren vor der Tat mindestens einmal arbeitslos und 18% waren zum Tatzeitpunkt arbeitslos. Eine genauere interpretative Analyse der Schul- und Berufsbiografie und der familiären Situation revidierten dieses Bild jedoch. Nur bei wenigen Jugendlichen war die Arbeitslosigkeit wirklich ursächlich an der Tat beteiligt.

3.3 Handlungsforschung

Das Konzept der Handlungsforschung stellt einen Untersuchungsplan dar, der große Bedeutung in der deutschsprachigen Erziehungswissenschaft der 70er-Jahre hatte. Kurt Lewin, einer der Begründer moderner Sozialwissenschaften, hat diese Forschungsstrategie in einem Aufsatz von 1946 gefordert: »Die für die soziale Praxis erforderliche Forschung lässt sich am besten als eine Forschung im Dienste sozialer Unternehmungen oder sozialer Technik kennzeichnen. Sie ist eine Art Handlungsforschung (›action research‹), eine vergleichende Erforschung der Bedingungen und Wirkungen verschiedener Formen des sozialen Handelns und eine zu sozialem Handeln führende Forschung. Eine Forschung, die nichts anderes als Bücher hervorbringt, genügt nicht.« (Lewin 1982, S. 280) Diese Art von Forschung soll also ihre Ergebnisse bereits im Forschungsprozess in die Praxis umsetzen, als Wissenschaft in die Praxis verändernd eingreifen (Gunz 1986). Dies ist nur legitim in einer gleichberechtigten Beziehung zwischen Forschern und Praktikern bzw. Betroffenen. Die von der Forschung Betroffenen sind innerhalb von Handlungsforschung nicht Versuchspersonen, Objekte, sondern Partner, Subjekte. Forscher und Praktiker sind im stetigen gleichberechtigten und herrschaftsfreien Austausch, im Diskurs begriffen.

> **Grundgedanke:** Handlungsforschung hat drei Ziele:
> - direktes Ansetzen an konkreten sozialen Problemen;
> - praxisverändernde Umsetzung der Ergebnisse im Forschungsprozess;
> - gleichberechtigter Diskurs Forscher – Betroffene.

Der Diskurs steht im Zentrum der Handlungsforschung; diesen Diskurs zu analysieren und zu steuern ist eine Aufgabe der Forscher, bei der sie qualitativ-interpretative Techniken bevorzugt einsetzen. Das zeigt ein Überblick über die zentralen Methoden der Handlungsforschung.

Die Systematik und Bedeutung der Methoden in Abbildung 4 soll uns hier nicht weiter beschäftigen (vgl. dazu Kap. 4). Es soll nur gezeigt werden, dass in dieser Methodenliste quantitative Methoden eine untergeordnete Rolle spielen. So wurde von Handlungsforschern in der Erziehungswissenschaft das rein quantitative Vorgehen immer hart kritisiert (vgl. z.B. Heinze et al. 1975; Zedler/Moser 1983).

Der Ablauf eines Handlungsforschungsobjektes muss sich stark nach den Praxisgegebenheiten richten. Zwei Schritte stehen jedoch immer im Zentrum. Am Beginn muss das jeweilige Praxisproblem definiert werden, auch das Ziel der Praxisveränderung muss umrissen werden. Der zweite Schritt betrifft den restlichen Projektablauf. Er ist gekennzeichnet durch ein ständiges Pendeln zwischen Informationssammlung, Diskurs und praktischen Handlungen. »Zur Erarbeitung von Handlungsorientierungen ist es notwendig, systematisch Informationen aufzusuchen, die sozusagen als Material für Diskurse in Anspruch genommen werden. Im Rahmen des Diskurses werden Informationen problematisiert, d.h., sie werden hinterfragt und mit anderen Quellen des Wissens, wie z.B. Allgemeinwissen, Wissen aus der Fachliteratur usw., konfrontiert. Ziel ist die Erarbeitung von Handlungsorientierungen, welche das Handeln im sozialen Feld anleiten.« (Moser 1977, S. 12)

	Nicht-Anwesenheit im Feld	Anwesenheit im Feld	Befragung von Gewährspersonen
Faktenwissen (»Tatsachen«)	statistische Erhebungen über sozio-ökonomische Daten standardisierte bzw. offene Fragebögen Inhaltsanalysen Quasi-Experimente informelle Tests 1	Quasi-Experiment strukturierte bzw. unstrukturierte Beobachtung 2	standardisiertes bzw. offenes Interview von Betroffenen Expertenbefragung Literaturanalysen Quellenanalysen Dokumentenanalyse 3
Ereigniswissen (singuläre Ereignisse, Prozessabläufe)	Inhaltsanalyse sich wiederholender Ereignisse Selbst- bzw. Fremdeinschätzung von Ereignissen durch schriftliche Befragung (Interview) 4	Aufnahme von Prozessen mittels Medien (Tonband, Video) im Sinne der strukturierten bzw. unstrukturierten Beobachtung Protokolle unmittelbare Prozessreflexion mit schriftlicher Fixierung (z. B. gruppendynamische Reflexion), Krisenexperimente 5	Befragung nach Einschätzung durch Betroffene Expertenbefragung Dokumentenanalysen (Briefe, Zeitungen) Literaturanalysen Quelleninterpretation 6
Regelwissen (Normen)	Soziometrie Inhaltsanalysen Quasi-Experiment standardisierter bzw. offener Fragebogen semantisches Differenzial 7	strukturierte bzw. unstrukturierte Beobachtung Quasi-Experiment Krisenexperiment (Garfinkel) Gruppendynamische Reflexion Rollenspiel, Planspiel 8	standardisiertes bzw. offenes Interview Einschätzung durch Experten Rollenspiel, Planspiel Literaturanalysen Quelleninterpretation Dokumentenanalyse 9

Abb. 4: **Zentrale Methoden der Handlungsforschung** *(Moser 1977, S. 26)*

> **Vorgehensweise:** Handlungsforschung beginnt immer mit Problem- und Zieldefinition und pendelt in ihrem Verlauf zwischen Informationssammlung, Diskurs mit den Betroffenen und praktischen Handlungen.

Ursprünglich stand hinter diesem Forschungsplan die Utopie, dass alle Forschung so vorgehen könnte und dass es durch einen Zusammenschluss aller Handlungsforschungsprojekte zu einem echten sozialen Fortschritt kommen könne. Die viel beklagte Kluft zwischen Theorie und Praxis wäre dann überwunden. Leider gibt es aber nur eine begrenzte Anzahl konkreter Projekte (vgl. McNiff 1988; Altrichter 1990). Die meisten fanden in der Zeit der Bildungsreform statt und hatten zum Ziel, in Zusammenarbeit mit Lehrern und Schülern neue Lehrpläne und Schulversuche zu installieren und wissenschaftlich zu begleiten (z.B. Heinze et al. 1975). F. Haag et al. (1972) beschreiben noch andere Anwendungsgebiete: Hochschuldidaktik, Gruppendynamik in Arbeitsgruppen, Institutionsberatung, Randgruppenarbeit, Elemente von Handlungsforschung sind in all den Forschungsprojekten enthalten, die ihre Ergebnisse den Versuchspersonen nach Abschluss der Auswertung übermitteln und mit ihnen diskutieren. Dies ist in jedem Fall eine sinnvolle Maßnahme zur Absicherung der Ergebnisse und kann auch zu Praxisveränderungen führen.

> **Anwendungsgebiete:** Immer wenn an konkreten Praxisproblemen angesetzt wird, um Veränderungsmöglichkeiten zu erarbeiten, ist Handlungsforschung einsetzbar. Aber auch bei praxisferneren Fragestellungen lassen sich Elemente von Handlungsforschung sinnvoll einbauen wie die Rückmeldung der Ergebnisse an die Betroffenen.

Beispiel: Arbeitslosenforschung im Handlungsforschungsdesign durchzuführen, stößt in einer Marktwirtschaft auf Grenzen. Denn eine wirkliche Lösung des Problems Arbeitslosigkeit ist nur durch die Schaffung neuer Arbeitsplätze zu bewirken, und dies ist in unserer Wirtschaftsordnung nur sehr schwer möglich. So gibt es in diesem Bereich auch bisher kein reines Handlungsforschungsprojekt. Viele Projekte haben aber Elemente von Handlungsforschung, und dafür soll nun das Beispiel der berühmten Marienthal-Untersuchung (Jahoda/Lazarsfeld/Zeisel 1978, Orig. 1933) angeführt werden.

Marienthal war ein kleines österreichisches Dorf, das fast ausschließlich von einer Textilfirma lebte, die ab 1930 Massenentlassungen vornahm. Die Forscher haben in dieser Zeit mehrere Monate lang die unterschiedlichsten Materialien zur psychosozialen Lage der Bevölkerung gesammelt (vgl. zu diesem Beispiel auch S. 57, 61, 83 und 101). Sie verstanden sich dabei aber von Anfang an nicht in der Rolle des Beobachters, sondern wollten im Rahmen ihrer Forschungsarbeit die Lebensbedingungen der Marienthaler verbessern:

- Im Rahmen einer Kleideraktion wurden in Wien etwa 200 Kleider- und Wäschestücke gesammelt, ausgebessert und an die Marienthaler verteilt.
- Die Projektmitglieder engagierten sich in den örtlichen Vereinen und Verbänden in politischer Mitarbeit.
- Es wurde ein Schnittzeichenkurs angeboten, der von 50 Frauen zweimal wöchentlich besucht wurde.
- Einmal pro Woche hielt eine Frauen- und Kinderärztin frei zugängliche Sprechstunden für die Bevölkerung ab.
- Ein Turnkurs für Mädchen wurde angeboten.
- Es wurde die Möglichkeit für Beratungsgespräche über Probleme der Erziehung und des häuslichen Lebens geschaffen.

3.4 Feldforschung

Die Feldforschung ist ein klassisches Gebiet qualitativ orientierter Soziologie. Feldforschung will ihren Gegenstand bei der Untersuchung in seiner natürlichen Umgebung belassen; die Forscher selbst begeben sich in diese natürliche Umgebung, sie gehen »ins Feld«, sie nehmen teil an den alltäglichen Situationen ihrer Untersuchungsobjekte (vgl. zur Feldforschung z.B. Patry 1982; Girtler 1984; Whyte 1984). So ist die »Teilnehmende Beobachtung« die

Hauptmethode, die hier zum Einsatz kommt. Ein paar Beispiele seien genannt: Eine Untersuchungsgruppe, die durch gängige Forschungsmethoden selten erreicht wird, nahm sich Girtler (1980) vor. Er untersuchte obdachlose Stadtstreicher in Wien, indem er an ihrem Leben teilnahm. Durch ==biografische Analysen== konnte er aufzeigen, welche fatale, stigmatisierende Rolle die Polizei oft in der »Karriere« des Obdachlosen spielt und wie haltlos die Romantisierungen des Nichtsesshaftlebens in Liedern und Literatur sind. Auch die ethnografische Schulforschung in den USA wäre hier als Beispiel anzuführen (vgl. Terhart 1979; Wolcott 1988). Sie will eine deskriptive, eine naturalistisch-ökologische und eine qualitativ-phänomenologische Perspektive verbinden, indem die Forscher z. T. mehrere Monate am Unterricht teilnehmen (z.B. in Slumvierteln oder in Klassen mit hohem Ausländeranteil). Dies alles sind Beispiele für Feldforschung. Ihr Anliegen ist, »Aussagen darüber zu machen, ==wie sich der Mensch in seiner sozialen und materiellen Umwelt== verhält, ==auch wenn er nicht Gegenstand einer Untersuchung ist, was er tut, wenn kein Versuchsleiter ihn direkt oder indirekt beeinflusst, und was ihn veranlasst, es zu tun==« (Patry 1982, S. 27). Es sind vor allem zwei Vorteile, die man sich davon verspricht. Einmal will man die Verzerrungen vermeiden, die durch den Eingriff des Untersuchungsinstrumentariums entstehen. Experiment, Fragebogenuntersuchung, Interviewstudie verändern die Realität, greifen in natürlich ablaufende Prozesse ein. Zum anderen verspricht man sich, durch Feldforschung näher an die Realität hinzukommen, die Innenperspektive der Beteiligten aus nächster Nähe kennen zu lernen.

> **Grundgedanke:** Feldforschung will ihren Gegenstand in möglichst natürlichem Kontext untersuchen, um Verzerrungen durch Eingriff der Untersuchungsmethoden bzw. durch die wirklichkeitsferne Außenperspektive zu vermeiden.

In Gegensatz zur Feldforschung wird die Laborforschung gesetzt, eine Untersuchungsanlage, die künstliche Bedingungen schafft, um das Umfeld optimal kontrollieren zu können. Es gibt aber einen fließenden Übergang zwischen Labor- und Feldforschung (vgl. Patry 1982), denn auch im Feld können einzelne Faktoren beeinflusst und kontrolliert werden.

Die Hauptschwierigkeiten der Feldforschung liegen wohl in zwei Problemen. Wie soll der Forscher als Außenstehender, als Fremder Kontakt zum »Feld« bekommen, wie kann er akzeptiert werden, Vertrauen gewinnen? Wenn dies gelingt, wie kann die Vielfalt an meist unsystematisch gesammeltem Material ausgewertet werden? Daraus wird schon der grobe Ablauf dieses Untersuchungsplanes klar. Nach der Festlegung der Fragestellung muss der Kontakt zum Feld hergestellt werden. Während der Felduntersuchung muss Material gesammelt werden, das dann schließlich ausgewertet wird (die letzten beiden Schritte können auch zusammenfallen, vgl. unter 4.3 Gegenstandsbezogene Theoriebildung).

> **Vorgehensweise:** Feldforschung geht im Groben in vier Schritten vor:
> - Festlegung der Fragestellung;
> - Herstellung des Feldkontaktes;
> - Materialsammlung;
> - Auswertung.

Die Herstellung des Feldkontaktes ist eine sehr sensible Phase, die Weinberg/Williams (1973) näher beschrieben haben (vgl. auch Girtler 1984; Burgess 1984). Sie gliedern diesen Prozess in die Schritte der Annäherung, der Orientierung, der Initiation, der Assimilation und schließlich des Abschlusses der Feldkontaktes. Während dieses Prozesses wird der Forscher für die Beteiligten – idealtypisch formuliert – vom Eindringling zum Mitglied und schließlich zum Anwalt ihrer Probleme.

Auf die Probleme der Auswertung in der Feldforschung sind z.B. Becker/Geer (1979) näher eingegangen. Da wir in Kapitel 4.3 darauf zu sprechen kommen, sei hier nur der kurze Hinweis darauf gegeben, dass auch hier quantitative Techniken wie die Analyse von Häufigkeitsverteilungen durchaus ihren Platz finden können. Zentral sind aber qualitativ-interpretative Techniken, weshalb dieser Untersuchungsplan auch hier behandelt wird.

Die Forderung, den Untersuchungsgegenstand möglichst in seiner natürlichen Umgebung zu erforschen, möglichst weit »im Feld« zu sein, gilt eigentlich für jede qualitativ orientierte Forschung. Trotzdem ist der Feldforschungsansatz nicht immer möglich. Voraussetzung für einen sinnvollen Einsatz sind (vgl. Friedrichs 1973):

- Das Feld muss dem Forscher zugänglich sein; bei einem Kinderspielplatz ist dies leichter möglich als beispielsweise bei einem Betrieb oder einer Freimaurerloge.
- Es sollte im Feld eine Funktion geben, die der Forscher einnehmen kann, ohne die ablaufenden Prozesse völlig durcheinander zu bringen.
- Der Feldforscher muss geschult sein. Er muss gleichzeitig an den ablaufenden Prozessen Anteil nehmen und kritische Distanz entwickeln.
- Das Vorhaben muss ethisch gerechtfertigt sein. »Der Beobachter ist weder ein Voyeur noch ein Spion, seine Arbeit geschieht für die Betroffenen.« (Friedrichs 1980, S. 289)

> **Anwendungsgebiete:** Feldforschung ist ein Ziel jeder qualitativ orientierten Forschung. Sie ist jedoch nur anwendbar, wenn das Feld ohne große Störungen zugänglich ist, die Forscher auf die Probleme eingestellt sind und ein Engagement für die Beteiligten ersichtlich ist.

Beispiel: Hier kann das Beispiel der Marienthal-Untersuchung (Jahoda/Lazarsfeld/Zeisel 1978, Orig. 1933) aus dem letzten Abschnitt gleich weitergeführt werden, denn es ist ein klassisches Beispiel für Feldforschung. Die Auswirkungen von Arbeitslosigkeit sollten unter natürlichen Bedingungen im Alltag der Betroffenen untersucht werden. Eine Projektmitarbeiterin wohnte fast zwei Monate in Marienthal, die Arbeitsgruppe traf sich ein- bis zweimal wöchentlich dort. Im Ganzen wurden circa 120 Arbeitstage in Marienthal zugebracht. Der Kontakt zu den Betroffenen wurde sehr sorgsam hergestellt, vor allem über die Aktivitäten zur Unterstützung der Arbeitslosen, die das Team anbot (Kleideraktion, Kurse, ärztliche Betreuung, vgl. S. 54). Das Team versuchte also, so nahe wie möglich an das Alltagsleben in Marienthal heranzukommen und sich dort einzufügen. Währenddessen wurde systematisch Material gesammelt, z.B.:

- ausführliche Lebensgeschichten von 32 Männern und 30 Frauen;
- Zeitverwendungsbögen eines Tageslaufes von 80 Personen;
- Inventare von Mahlzeiten in 40 Familien über eine Woche hinweg;
- Beschreibung der Weihnachtsgeschenke von 80 Kleinkindern;
- Gesprächsthemen und Beschäftigungen in öffentlichen Lokalen;
- Entleihzahlen in der öffentlichen Bibliothek.

3.5 Das qualitative Experiment

Das Experiment gilt als die Krone der Wissenschaft schlechthin, als die einzige Möglichkeit, Kausalzusammenhänge aufzudecken. Gegen die heute übliche Form des Experimentierens – das quantitative Laborexperiment – wurde jedoch vehement Kritik vorgebracht (vgl. z.B. Mertens 1975); von qualitativ orientierten Vertretern wird sie in der Regel abgelehnt (vgl. auch Kap. 3.1). Es ist das Verdienst von Gerhard Kleining (1986), darauf hingewiesen zu haben, dass es auch Formen eines qualitativen Experimentes gibt und schon immer gegeben hat. Er definiert: »Das qualitative Experiment ist der nach wissenschaftlichen Regeln vorgenommene Eingriff in einen (sozialen) Gegenstand zu Erforschung seiner Struktur. Es ist die explorative, heuristische Form des Experiments.« (Kleining 1986, S. 724) Schon bei Aristoteles findet sich dieses Vorgehen, und auch die Entwicklung der Naturwissenschaften im 17. und 18. Jahrhundert (Galilei, Newton) stützt sich zum großen Teil auf qualitative Experimente (z.B. Newtons Pendelversuch). Ernst Mach, ein Wegbereiter moderner Physik, propagierte das qualitative Experiment. Kleining zitiert die Würzburger Denkexperimente zu Beginn dieses Jahrhunderts (Karl Bühler), die Versuche der Gestaltpsychologie (Koffka, Wertheimer, Köhler) aber auch die Arbeitslosenuntersuchung der Lazarsfeld-Gruppe (Jahoda et al. 1978) und die Versuche

Piagets zur Erforschung der kognitiven Entwicklung des Kindes als qualitative Experimente. In der Nachkriegszeit, vor allem ab den 60er-Jahren, sei diese Methode jedoch völlig vom quantifizierenden, hypothesentestenden, mit Zufallsstichproben arbeitenden, kontrollierten Laborexperiment verdrängt worden.

Was ist nun der Grundgedanke des qualitativen Experiments? Nicht der Test vorgefertigter Hypothesen, sondern das Aufdecken von Strukturen im Gegenstand steht im Vordergrund. Dazu wird, das sagt bereits Kleinings Definition, in den Untersuchungsbereich eingegriffen. Man verändert also den Gegenstand, überprüft, was dann passiert, und hofft darauf, dass man dadurch Einblicke in seine Struktur erhält. Wichtig für das qualitative Experiment ist nun, dass der Gegenstand dabei nicht beliebig manipuliert oder gar im Labor erst konstruiert wird; der verändernde Eingriff soll möglichst gegenstandsadäquat vorgenommen werden.

> **Grundgedanke:** Das qualitative Experiment versucht, durch einen kontrollierten, gegenstandsadäquaten Eingriff in den Untersuchungsbereich unter möglichst natürlichen Bedingungen Veränderungen hervorzubringen, die Rückschlüsse auf dessen Struktur zulassen.

Ein wesentlicher Punkt im qualitativen Experiment ist, dass ein einzelner Eingriff in den Gegenstand in der Regel nicht ausreicht, seine Struktur zu erforschen. Immer wieder wird der Forscher verändernd eingreifen, die Effekte beobachten und so in einen Dialog mit dem Gegenstand eintreten. Kleining (1986) hat nun verschiedene Techniken vorgeschlagen, wie die experimentellen Eingriffe möglich seien:

- *Separation/Segmentierung:* Der Gegenstand wird untergliedert, unterteilt oder einzelne Bereiche werden abgetrennt. Es wird überprüft, inwiefern sich der Gegenstand dadurch verändert.
- *Kombination:* Gegenstandsbereiche werden auf eine andere Weise neu zusammengesetzt. Es wird überprüft, ob die Teile versöhnbar, widersprüchlich, gleichgültig zueinander stehen und welche neuen Effekte durch die Kombination auftreten.

- *Reduktion/Abschwächung:* Hier werden schrittweise einzelne Teile oder Funktionen vom Gegenstand entfernt oder abgeschwächt und überprüft, inwieweit dies den Gegenstand als Ganzes trifft.
- *Adjektion/Intensivierung:* Das gegenteilige Vorgehen besteht darin, Teile oder Funktionen des Gegenstandes hinzuzufügen oder zu verstärken und die jeweiligen Veränderungen zu beobachten.
- *Substitution:* Einzelne Teile des Gegenstandes werden ausgewechselt, durch neue ersetzt. Wo kann durch kleine Substitutionen große Wirkung bzw. durch große Substitution geringe Wirkung erzielt werden?
- *Transformation:* Schließlich kann auch der gesamte Gegenstand umgewandelt werden, wobei er jedoch noch – mehr oder weniger – Merkmale der alten Form enthält.

Bei all diesen Techniken ist aber wesentlich, dass vor und nach dem Eingriff der Gegenstand möglichst genau beschrieben wird, bevor aus den Gemeinsamkeiten seiner Veränderungen auf seine Struktur geschlossen wird. Daraus lässt sich nun auch der grobe Ablauf des qualitativen Experiments formulieren.

> **Vorgehensweise:** Der Ablauf des qualitativen Experimentierens besteht aus vier Schritten:
> - Deskription des Gegenstandes;
> - experimenteller Eingriff;
> - Deskription des Gegenstandes;
> - Schlussfolgerungen auf seine Struktur.
>
> Der zweite und dritte Schritt muss dabei in der Regel mehrmals durchlaufen werden, bis der vierte möglich wird.

Einige Querverbindungen sind hier nun zu ziehen. Große Verwandtschaft zeigt sich beispielsweise zum *Feldexperiment*, das darauf Wert legt, unter möglichst natürlichen Bedingungen vorzugehen (vgl. z.B. Cook/Campbell 1979; Patry 1982). Das *Krisenexperiment* der Ethnomethodologie (Garfinkel 1967), ein Verfahren, das sich zu den qualitativen Ansätzen zählt, versucht Alltagsinteraktionen zu verunsichern, um deren Basisregeln zu eruieren. Ähnlich ist aber auch das Konzept des *Ökologischen Experiments*, das Bronfenbrenner (1981) formuliert hat als die Analyse fortschreitender Individuum-Umwelt-Anpassung durch systematischen Vergleich von Umweltsystemen oder ihren Strukturkomponenten. Zuletzt sei noch darauf verwiesen, dass es auch Versuche gibt, eine *phänomenologische experimentelle Psychologie* zu formulieren (Andrew 1985, 1986).

Für qualitativ orientierte Forschung ist dieser Untersuchungsplan so wertvoll, weil er Möglichkeiten zeigt, über die reine Deskription hinauszukommen und Strukturhypothesen aufzustellen und zu überprüfen. Und darin liegt nun auch das Anwendungsgebiet des qualitativen Experiments.

> **Anwendungsgebiet:** Qualitative Experimente sind immer dann sinnvoll, wenn es um die Analyse von Strukturen im Gegenstandsbereich geht, die sich der einfachen Deskription verschließen.

Beispiel: G. Kleining (1986) stellt heraus, dass die Marienthal-Untersuchung (Jahoda/Lazarsfeld/Zeisel 1978, Orig. 1933) auch Elemente von qualitativem Experimentieren in sich birgt. Denn bei den bereits beschriebenen Aktionen (Kleideraktion, Kurse u.Ä., vgl. S. 54) wurde gleichzeitig genau festgehalten, wie die Marienthaler darauf reagierten, und dies wurde als Indikator für die Arbeitslosigkeitssituation gewertet. So veranstaltete man ein Preisausschreiben unter den Jugendlichen, bei dem Aufsätze zum Thema »Wie stelle ich mir meine Zukunft vor?« eingereicht werden sollten. Obwohl ein verlockender Preis (eine neue Hose) ausgesetzt war, beteiligten sich nur 15 von 131 Jugendlichen. Daraus wurde geschlossen, dass auch unter der Jugend eine stark resignative Haltung als Folge der Arbeitslosigkeit um sich gegriffen hatte. Auch bei der Kleideraktion wurde genau registriert, wie die Einzelnen darauf reagierten: Auf welche Familienmitglieder wird besonders Rücksicht genommen? Wie ist die Einstellung zur Fürsorge, zur Notsituation allgemein? Hier wird auch der Unterschied zum Laborexperiment deutlich. Denn die verändernden Eingriffe sind sinnvoll und gegenstandsadäquat in den natürlichen Kontext eingebunden.

3.6 Qualitative Evaluationsforschung

Qualitativ orientierte Evaluationsforschung stellt einen Bereich neuerer Forschungsansätze dar, der gerade in der heutigen Zeit immer mehr an Bedeutung gewinnt.

Die Evaluationsforschung will Praxisveränderungen auf ihre Effizienz hin überprüfen, dabei jedoch nicht selbst verändernd eingreifen (wie die Handlungsforschung). Gerade unter Bedingungen knapper Haushaltsmittel, Kürzungen im Sozialbereich, wird Evaluationsforschung verstärkt gefordert. Das betrifft alle Interventionsprojekte, in der Psychologie vor allem in Zusammenhang mit Psychotherapie, psychosozialer Versorgung, aber auch Arbeits-, Betriebs- und Organisationspsychologie, in der Erziehungswissenschaft vor allem Curriculumforschung, Schulbegleitforschung, pädagogische Projekte, in der Soziologie Projekte, die mit Veränderungen sozialer Strukturen zusammenhängen, Reformbegleitung, Politikberatung. Das Grundschema der Evaluationsforschung wird dabei oft in fünf Schritten beschrieben (vgl. Wottawa/Thierau 1990):

- Aufstellen des Evaluationsdesigns, des Untersuchungsplanes,
- Zielexplikation,
- Operationalisierung der Ziele der Praxisveränderung,
- Aufstellen und Operationalisieren von Bewertungskriterien,
- Schlussbewertung der Praxisveränderung, Bericht.

Dabei ist in der Evaluationsforschung immer wieder ein rigides quantitatives Vorgehen kritisiert worden, bei dem nur nach vorab festgelegten Effizienzkriterien signifikante Veränderungen am Schluss überprüft werden (einfaches Vorher-Nachher-Design). Dem ist eine qualitativ orientierte Evaluationsforschung gegenüberzustellen (Guba/Lincoln 1981; Patton 1990), der es auf folgende Punkte ankommt:

- Eine intensivere, auch einzelfallbezogene Prozessbeschreibung soll neben die Produktbewertung am Ende gestellt werden (formative Evaluation).

- Dabei sollte es auch möglich sein, aus den beobachteten Prozessen heraus neue Bewertungskriterien induktiv aufzustellen und zu begründen, wenn es für sinnvoll erachtet wird.
- Eine naturalistische, alltagsbezogene Perspektive legt eher teilnehmende Beobachtung und Ansätze der Feldforschung nahe statt einer distanzierten Bewertung von außen.
- Dazu gehört auch, dass die in der Praxis beteiligten Personen selbst zu Wort kommen sollen, an der Evaluation beteiligt werden sollen (Selbstevaluation, vgl. Heiner 1988).
- Schließlich soll auch Raum sein für eine offene, ganzheitliche Schlussbewertung, die den Gesamteindruck der abgelaufenen Praxisveränderungen zusammenfassen kann.

Grundgedanke: Qualitative Evaluationsforschung will Praxisveränderungen wissenschaftlich begleiten und auf ihre Wirkungen hin einschätzen, indem die ablaufenden Praxisprozesse offen, einzelfallintensiv und subjektorientiert beschrieben werden.

Im folgenden Ablaufmodell (Abb. 5, S. 64) einer qualitativ orientierten Evaluationsforschung kommt dies zum Ausdruck. Danach ist es sinnvoll, auch bei qualitativ orientierter Evaluation wie bei den klassischen quantitativen Ansätzen die Ausgangsbedingungen vor der Praxisveränderung genau zu beschreiben und die Ziele des Praxisprojektes zu fixieren. Die dann folgenden Prozessbeschreibungen und -bewertungen müssen sich aber nicht ausschließlich auf solche Ziele beschränken; hier sollen offen alle wesentlich erscheinenden Aspekte zu dem Praxisprojekt festgehalten werden.

Nur die programmbezogene Schlussevaluation bezieht sich ausschließlich auf die vorab gesetzten Ziele.

Die Anwendungsgebiete qualitativer Evaluationsforschung sind dabei sehr weit. Überall, wo Evaluation bzw. wissenschaftliche Praxisbegleitung abläuft, sind auch qualitative Ansätze sinnvoll einsetzbar. Sie sind besonders wichtig dann, wenn keine klaren Effizienzkriterien aufzustellen sind und wenn die Veränderungen in einem komplexen, sich verändernden Praxisfeld stattfinden.

64 Untersuchungspläne qualitativer Forschung

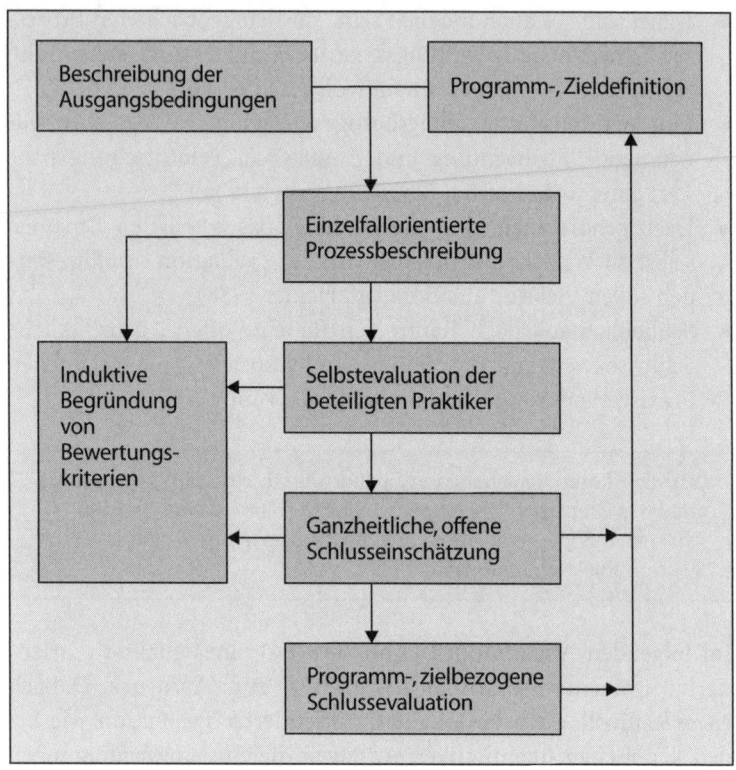

Abb. 5: ***Ablaufmodell qualitative Evaluation***

4. Verfahren qualitativer Analyse

In diesem Kapitel sollen nun 17 verschiedene Verfahrensweisen wissenschaftlicher Erkenntnisgewinnung beschrieben werden, die fast alle erst in den letzten Jahren entwickelt bzw. ausformuliert wurden, wenn es auch jeweils Vorformen gibt. Das wirklich Neue und Wichtige an der aktuellen Entwicklung qualitativer Ansätze ist, dass immer mehr versucht wird, die qualitativen Techniken so genau zu beschreiben, dass sie für jeden handhabbar werden. Qualitatives Forschen darf nicht verschwommen sein; die Vorgehensweisen müssen offen gelegt und systematisiert werden wie quantitative Techniken auch. Nur so lassen sie sich vernünftig, gegenstandsangemessen einsetzen, nur so lassen sie sich auch untereinander kombinieren und mit quantitativen Analyseschritten dort, wo es notwendig ist, verbinden (vgl. Abschnitt 4.4). So sollen auch hier die 17 Techniken qualitativer Analyse jeweils durch ihre Grundgedanken, durch einen idealtypischen Ablaufplan und durch ihre Anwendungsgebiete gekennzeichnet werden.

Die hier dargestellten Verfahren können natürlich nur eine gewisse Auswahl darstellen. Noch wenig erprobte Vorgehensweisen, aber auch Techniken mit nur sehr speziellen Anwendungsgebieten wurden hier nicht aufgenommen. Trotzdem zeigt sich doch ein sehr breites Spektrum. Vorab möchte ich noch betonen, dass die hier dargestellten Techniken nur Prototypen verkörpern sollen. Für eine konkrete Fragestellung können, ja sollen sie modifiziert, an die jeweiligen Bedingungen und Bedürfnisse angepasst werden. Das ist ja gerade eine der Stärken qualitativer Forschung, dass durch diese Flexibilität die Ergebnisse gegenstandsadäquater werden können.

In diesem Kapitel soll nun unterschieden werden zwischen *Erhebungstechniken*, die der Materialsammlung dienen, *Aufbereitungstechniken*, die der Sicherung und Strukturierung des Materials dienen, und *Auswertungstechniken*, die eine Materialanalyse vornehmen. Der Schwerpunkt der Neuentwicklungen liegt sicherlich auf dem Gebiet der Aufbereitung und Auswertung; aber auch neue Erhebungsinstrumente, vor allem die verschiedenen Interviewformen, sind beachtenswert.

4.1 Erhebungsverfahren

Drei Methoden, die auf sprachlicher Basis arbeiten (Problemzentriertes Interview, Narratives Interview, Gruppendiskussion) und eine Beobachtungsmethode (Teilnehmende Beobachtung) werden nun vorgestellt. Darin zeigt sich schon, dass in der qualitativen Forschung der verbale Zugang, das Gespräch, eine besondere Rolle spielt (vgl. auch Langer 1985). Subjektive Bedeutungen lassen sich nur schwer aus Beobachtungen ableiten. Man muss hier die Subjekte selbst zur Sprache kommen lassen; sie selbst sind zunächst die Experten für ihre eigenen Bedeutungsgehalte. So gibt es mittlerweile eine ganze Reihe qualitativer Interviewtechniken, die unter den verschiedensten Bezeichnungen laufen: Exploration, Problemzentriertes Interview, Qualitatives Interview, Offenes Interview, Tiefeninterview, Fokussiertes Interview, Intensivinterview, Unstrukturiertes Interview (vgl. Lamnek 1989). Hier ist also eine terminologische Klärung notwendig (Abb. 6; vgl. auch Wittkowski 1994).

Offenes (vs. geschlossenes) Interview	bezieht sich auf die Freiheitsgrade des **Befragten**	Er kann frei antworten, ohne Antwortvorgaben, kann das formulieren, was ihm in Bezug auf das Thema bedeutsam ist.
Unstrukturiertes (vs. strukturiertes) bzw. **unstandardisiertes** (vs. standardisiertes) Interview	bezieht sich auf die Freiheitsgrade des **Interviewers**	Er hat keinen starren Fragenkatalog, er kann Fragen und Themen je nach Interviewsituation frei formulieren.
Qualitatives (vs. quantitatives) Interview	bezieht sich auf die **Auswertung** des Interviewmaterials	Die Auswertung geschieht mit qualitativ-interpretativen Techniken.

Abb. 6: ***Begriffsbestimmung qualitativ orientierter Interviewformen***

Nach dieser Terminologie stellen problemzentriertes und fokussiertes Interview offene, halbstrukturierte, qualitative Verfahren dar, ähnlich auch Exploration und Tiefeninterview. In der Offenheit der Frageformulierungen und der qualitativen Auswertung sind sich qualitativ orientierte Interviewformen weitgehend einig. Nur der Strukturiertheitsgrad schwankt etwas zwischen den verschiedenen Formen. Deshalb sollen hier zunächst eine stärker strukturierte (Problemzentriertes Interview) und eine schwach strukturierte (Narratives Interview) Interviewform vorgestellt werden.

1) Problemzentriertes Interview

Unter diesem Begriff, den Witzel (1982, 1985) geprägt hat, sollen alle Formen der offenen, halbstrukturierten Befragung zusammengefasst werden. Das Interview lässt den Befragten möglichst frei zu Wort kommen, um einem offenen Gespräch nahe zu kommen. Es ist aber zentriert auf eine bestimmte Problemstellung, die der Interviewer einführt, auf die er immer wieder zurückkommt. Die Problemstellung wurde vom Interviewer bereits vorher analysiert; er hat bestimmte Aspekte erarbeitet, die in einem Interviewleitfaden zusammengestellt sind und im Gesprächsverlauf von ihm angesprochen werden.

Mit dem »fokussierten Interview« haben Merton und Kendall bereits 1945 eine solche Interviewform geschaffen (vgl. deutsch Merton/Kendall 1979). Sie gebrauchten sie zur Analyse der Wirkung von Medien der Massenkommunikation. Die interessierenden Rundfunksendungen, Presseartikel, Filme wurden dabei von den Forschern vorher auf die hypothetisch bedeutsamen Elemente hin analysiert; daraufhin wurde ein Leitfaden erstellt, um dann im Interview die subjektiven Erfahrungen der Personen mit dem jeweiligen Medienbeitrag zu eruieren. Auch der Ethnomethodologe A. Cicourel hat eine Art problemzentrierten Interviews entwickelt und in einer Studie mit 252 Familien in Argentinien über Probleme der Geburtenregelung erprobt (Cicourel 1974). Andreas Witzel selbst leitet seine Methodenentwicklung aus der Untersuchung der Bedingungen und Formen des Übergangs jugendlicher Schulabsolventen in die Berufswelt ab, definiert dabei aber das Problemzentrierte Interview als eine Methodenkombination bzw. -integration von qualitativem Interview, Fallanalyse, biografischer Methode, Gruppendiskussion und Inhaltsanalyse. Hier soll aber nur die Interviewform genauer beschrieben werden.

Was sind nun die Grundgedanken dieses Vorgehens? Witzel nennt drei vorrangige Prinzipien:

- Die *Problemzentrierung* meint, dass an gesellschaftlichen Problemstellungen angesetzt werden soll, deren wesentliche objektive Aspekte der Forscher sich vor der Interviewphase erarbeitet.
- Die *Gegenstandsorientierung* des Verfahrens meint, dass seine konkrete Gestaltung auf den spezifischen Gegenstand bezogen sein muss und nicht in der Übernahme fertiger Instrumente bestehen kann.
- Bei der *Prozessorientierung* geht es schließlich »um die flexible Analyse des wissenschaftlichen Problemfeldes, eine schrittweise Gewinnung und Prüfung von Daten, wobei Zusammenhang und Beschaffenheit der einzelnen Elemente sich erst langsam und in ständigem reflexiven Bezug auf die dabei verwandten Methoden herausschälen« (Witzel 1982, S. 72).

Alle drei Merkmale sind bereits bei den Grundlagen qualitativen Denkens angesprochen worden. Das weist dieses Verfahren als ein dediziert qualitatives aus. Wichtig für die Interviewdurchführung selbst ist nun ein weiteres Merkmal: die *Offenheit*. Der/die Interviewte soll frei antworten können, ohne vorgegebene Antwortalternativen. Das hat entscheidende Vorteile (vgl. Kohli 1978):

- Man kann überprüfen, ob man von den Befragten überhaupt verstanden wurde.
- Die Befragten können ihre ganz subjektiven Perspektiven und Deutungen offen legen.
- Die Befragten können selbst Zusammenhänge, größere kognitive Strukturen im Interview entwickeln.
- Die konkreten Bedingungen der Interviewsituation können thematisiert werden.

All das läuft auch darauf hinaus, eine stärkere *Vertrauensbeziehung* zwischen Interviewer und Befragten zu begründen. Der Interviewte soll sich ernst genommen und nicht ausgehorcht fühlen. Wenn an relevanten gesellschaftlichen Problemen angesetzt wird und im Interview eine möglichst gleichberechtigte, offene Beziehung aufgebaut wird, so profitiert auch der Interviewte direkt vom Forschungsprozess. Und deshalb ist er in der Regel auch ehrlicher, reflektierter, genauer und offener als bei einem Fragebogen oder einer geschlossenen Umfragetechnik – das zeigen auch alle Erfahrungen mit dieser Methode.

Grundgedanken:
- Das Problemzentrierte Interview wählt den sprachlichen Zugang, um seine Fragestellung auf dem Hintergrund subjektiver Bedeutungen, vom Subjekt selbst formuliert, zu eruieren.
- Dazu soll eine Vertrauenssituation zwischen Interviewer und Interviewten entstehen.
- Die Forschung setzt an konkreten gesellschaftlichen Problemen an, deren objektive Seite vorher analysiert wird.
- Die Interviewten werden zwar durch den Interviewleitfaden auf bestimmte Fragestellungen hingelenkt, sollen aber offen, ohne Antwortvorgaben, darauf reagieren.

Durch die Formulierung der Grundgedanken ist schon viel über den Ablauf eines problemzentrierten Interviews gesagt. Die Formulierung und Analyse des Problems muss immer am Anfang stehen. Daraus werden die zentralen Aspekte für den Interviewleitfaden zusammengestellt. Er enthält die einzelnen Thematiken des Gesprächs in einer vernünftigen Reihenfolge und jeweils Formulierungsvorschläge (eventuelle Formulierungsalternativen) zumindest für die Einstiegsfragen. Der nächste Schritt besteht nun in einer Pilotphase, in der Probeinterviews durchgeführt werden. Zum einen wird hier der Leitfaden getestet und gegebenenfalls modifiziert; zum anderen dient die Pilotphase der Interviewerschulung. Nun beginnt die eigentliche Interviewphase. Die Gespräche bestehen dabei im Wesentlichen aus drei Teilen:

- *Sondierungsfragen* sind ganz allgemein gehaltene Einstiegsfragen in eine Thematik. Dabei soll eruiert werden, ob das Thema für den Einzelnen überhaupt wichtig ist, welche subjektive Bedeutung es für ihn besitzt.
- *Leitfadenfragen* sind diejenigen Themenaspekte, die als wesentlichste Fragestellungen im Interviewleitfaden festgehalten sind.
- Darüber hinaus wird das Interview immer wieder auf Aspekte stoßen, die im Leitfaden nicht verzeichnet sind. Wenn sie für die Themenstellung oder für die Erhaltung des Gesprächsfadens bedeutsam sind, wird der Interviewer hier spontan *Ad-hoc-Fragen* formulieren.

Schließlich muss dafür gesorgt werden, dass das eruierte Material festgehalten wird. In aller Regel wird dafür, im Einverständnis mit den Interviewten, eine Tonbandaufzeichnung ausgefertigt. Notfalls kann aber auch während des Gesprächs oder danach ein Protokoll erstellt werden. Daraus ergibt sich nun das Ablaufmodell für das problemzentrierte Interview (vgl. Abb. 7).

Die Anwendungsgebiete des problemzentrierten Interviews lassen sich aus seinen hauptsächlichen Vorzügen ableiten. Es eignet sich hervorragend für eine theoriegeleitete Forschung, da es keinen rein explorativen Charakter hat, sondern die Aspekte der vorrangigen Problemanalyse in das Interview Eingang finden. Überall dort also, wo schon einiges über den Gegenstand bekannt ist, überall dort, wo dezidierte, spezifischere Fragestellungen im Vordergrund stehen, bietet sich diese Methode an.

Der zweite wichtige Punkt ist deren teilweise Standardisierung durch den Leitfaden. Denn diese Standardisierung erleichtert die Vergleichbarkeit mehrerer Interviews. Das Material aus vielen Gesprächen kann auf die jeweiligen Leitfadenfragen bezogen werden und so sehr leicht ausgewertet werden. Und durch die größeren Fallzahlen lassen sich die Ergebnisse viel leichter verallgemeinern.

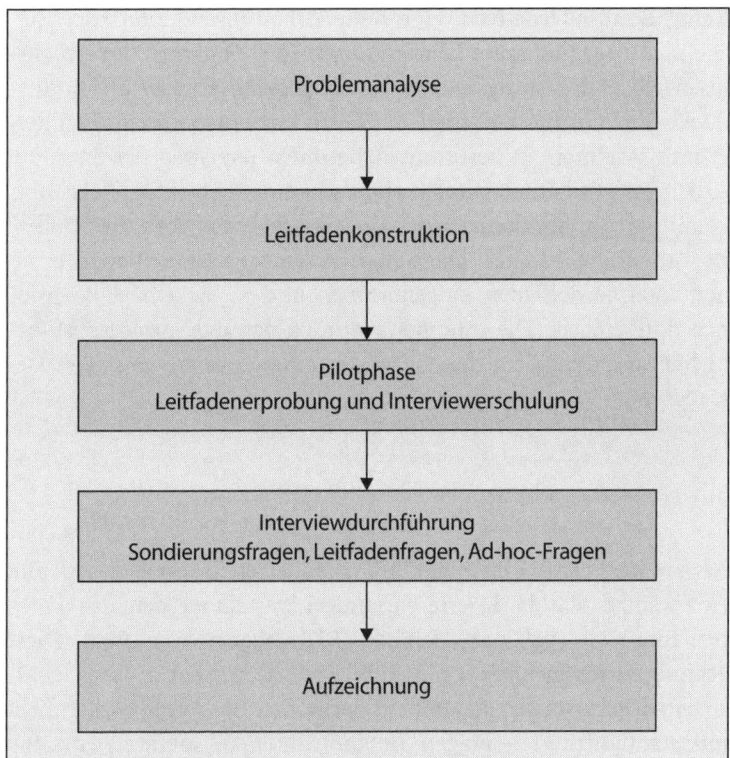

Abb. 7: **Ablaufmodell des problemzentrierten Interviews**

Anwendungsgebiete: Problemzentrierte Interviews bieten sich an bei stärker theoriegeleiteter Forschung mit spezifischeren Fragestellungen und bei Forschung mit größeren Stichproben.

Beispiel: In einer Längsschnittuntersuchung (Ulich et al. 1985; Strehmel 1989) wurden 104 gleich nach der Ausbildung arbeitslose Lehrer/innen über fast sechs Jahre hinweg immer wieder (12 Erhebungszeitpunkte) in offenen, halbstrukturierten Interviews zu ihrer Situation befragt. Dabei wurden in einer anfänglichen Problemanalyse die spezifischen Faktoren der Lehrerarbeitslosigkeit herausgestellt: ein weitgehendes Anstellungsmonopol des Staates und damit wenig Berufsalternativen; eine hohe Arbeitslosenquote trotz pädagogisch begründbarem Lehrermangel; kein Anspruch auf Arbeitslosengeld. Arbeitslosigkeit tritt so als gesellschaftliche und individuelle Krise in Erscheinung. Auf Grund des theoretischen Hintergrunds war man an bestimmten zentralen Aspekten der Situation Arbeitslosigkeit interessiert (Lebenssituation, subjektive Belastung, kognitive Situationseinschätzung, biografische Voraussetzungen, Bewältigungsversuche). Diese Aspekte wurden als Leitfaden in einen Interviewleitfaden aufgenommen und in einzelne Dimensionen differenziert. Die Interviews wurden dadurch strukturiert, behielten aber trotzdem den Charakter offener, vertrauensvoller Gespräche.

2) Narratives Interview

Als zweite Form eines qualitativ orientierten Interviews soll nun eine weniger standardisierte Variante vorgestellt werden: das narrative Interview (vgl. dazu Schütze 1977; Wiedemann 1986). Diese Technik ist maßgeblich von dem Bielefelder Soziologen Fritz Schütze entwickelt worden. Sie besteht darin, den Interviewpartner nicht mit standardisierten Fragen zu konfrontieren, sondern ganz frei zum Erzählen zu animieren. Es gibt – so die Grundidee – subjektive Bedeutungsstrukturen, die sich im freien Erzählen über bestimmte Ereignisse herausschälen, sich einem systematischen Abfragen aber verschließen würden. Denn auch im Alltag spielen Erzählungen eine herausragende Rolle:

- Erzählungen »sind natürliche, in der Sozialisation eingeübte Diskursverfahren, mit denen sich Menschen untereinander der Bedeutung von Geschehnissen ihrer Welt versichern« (Wiedemann 1986, S. 24).
- Durch Erzählungen werden übergreifende Handlungszusammenhänge und -verkettungen sichtbar.
- Erzählungen dienen auch der Verarbeitung, der Bilanzierung und Evaluierung von Erfahrungen.

Die Interviewpartner werden also dazu aufgefordert, zu einem bestimmten Thema eine typische Geschichte aus ihrem Leben zu erzählen, ein für das Thema wichtiges Ereignis, ein Schlüsselerlebnis, einen typischen Geschehensablauf. Der Interviewer greift während der Erzählung nicht ein, es sei denn, der rote Faden der Geschichte ginge verloren.

Dabei kommt ihm/ihr allerdings etwas zugute: Es gibt in der Linguistik Untersuchungen, die zeigen, dass Erzählungen in der Alltagskonversation eine feste Struktur, einen immer ähnlichen Aufbau, eine universelle Grammatik (Labov, vgl. Wiedemann 1986) besitzen. Im Wesentlichen besteht danach eine Erzählung aus sechs Teilen:

- Abstrakt als einführender Überblicksteil;
- Orientierung als Schilderung, worum es geht;
- Komplikation;
- Evaluation als Einschätzung des Geschehens;
- Auflösung;
- Koda als Schlussbetrachtungen.

Diesen Erzählaufbau versucht der Interviewer also zu unterstützen, wenn der Interviewpartner von der Geschichte abweicht. Dieser Aufbau ist aber dann auch die Grundlage für einen Vergleich mehrerer Erzählungen, für die Auswertung und schließlich Verallgemeinerung der Ergebnisse. Eine Strukturierung des Gesprächs wird hier nicht vom Interviewer vorgenommen, sie liegt in der Sprachform »Erzählung« selbst, auf die man sich im narrativen Interview festlegt.

> **Grundgedanken:**
> - Das narrative Interview will durch freies Erzählenlassen von Geschichten zu subjektiven Bedeutungsstrukturen gelangen, die sich einem systematischen Abfragen versperren würden.
> - Die Strukturierung des Gesprächs geschieht durch den universellen Ablaufplan von Erzählungen, den der Interviewer unterstützt.

Narrative Interviews lassen sich sinnvoll natürlich nur dann einsetzen, wenn es zum Thema der Untersuchung etwas zu erzählen gibt. Dies wird also der erste Schritt im Ablaufplan sein: den Erzählgegenstand zu bestimmen. Dazu gehört auch, dass man Interviewpartner gewinnt, bei denen man sicher ist, dass sie eine Erzählung präsentieren können. Das Interview selbst teilt sich dann in drei Teile. Zunächst geht es um die Erzählstimulierung. Dem Interviewpartner wird in einer Eingangsfrage das Thema vorgestellt und begründet. Es wird versucht, eine Vertrauensbasis herzustellen, um den Interviewpartner dann aufzufordern, sich eine Erzählung zum Thema zurechtzulegen. Im zweiten Teil wird dann die Erzählung präsentiert; der/die Interviewer/in sorgt dafür, dass der rote Faden nicht verloren geht, dass der Erzähler immer wieder zur Geschichte mit ihrer universellen Struktur zurückfindet. Erst im dritten Teil, nach Abschluss der Erzählung, ist es dem Interviewer gestattet nachzufragen, unklare Punkte zu klären, Warum-Fragen zu stellen, um zu den vom Erzähler intendierten subjektiven Bedeutungsstrukturen zu gelangen (vgl. Abb. 8).

Aus dieser Beschreibung ist auch klar geworden, wann sich das narrative Interview sinnvoll einsetzen lässt. Zum einen kann diese qualitative Technik nur angewandt werden, wenn Erzählungen stimuliert werden können. Das Thema muss also einen starken Handlungszusammenhang aufweisen, dramatische Sequenzen beinhalten oder sich zumindest in solchen Sequenzen äußern. Zum anderen ist diese Technik immer dann angezeigt, wenn es um subjektive Sinnstrukturen geht, die sich nicht einfach direkt erfragen lassen. Auch unerforschtere Gebiete, Neuland, wird man eher mit narrativen Interviews erschließen können; es stellt eine vergleichsweise explorative Technik dar.

> **Anwendungsgebiete:**
> - Narrative Interviews eignen sich für Thematiken mit starkem Handlungsbezug.
> - Sie sind für mehr explorative Fragestellungen einsetzbar, vor allem wenn es um schwer abfragbare subjektive Sinnstrukturen geht.

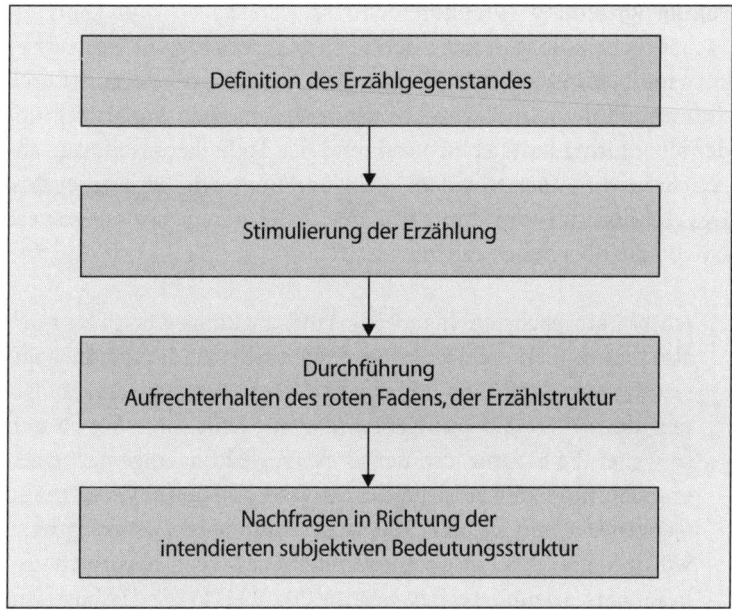

Abb. 8: **Ablaufmodell des narrativen Interviews**

Beispiel: Hier soll das narrative Interview mit Herrn Zagel aus der bereits im Beispiel auf Seite 46 zitierten Arbeitslosenuntersuchung (Heinemeier/Robert 1984) aufgegriffen werden. Wie alle anderen 49 Probanden wurde Herr Zagel im Interview aufgefordert, seine gesamte Lebensgeschichte zu erzählen, ganz offen, ohne weitere Einschränkungen. Man hoffte dabei, dass das Thema Arbeitslosigkeit in seiner ganz subjektiven, individuellen Bedeutung zur Sprache kommen würde. Hier die Zusammenfassung und ein Ausschnitt aus der Lebenserzählung von Herrn Zagel (S. 156):

Herr Zagel stammt aus einer Arbeiterfamilie, wollte auf Grund seiner Kindheitsinteressen (chemische Experimente) im Chemiebereich einen Beruf ergreifen, was aber an den örtlichen Bedingungen scheiterte. So wird er wie seine Brüder Facharbeiter (Fernmeldetechnik) in einem Großbetrieb, versucht sich aber durch Weiterqualifikationen zu verbessern. Er spezialisiert sich, holt die mittlere Reife nach, will Ingenieur werden, bricht aber das Studium wegen

Familiengründung (Freundin wird schwanger) ab und kehrt als Facharbeiter wieder in den alten Betrieb zurück. Später wechselt er auf eine bessere Stelle, holt dann sein Qualifikationsdefizit durch die Ausbildung zum Techniker nach. Durch einen Vorvertrag mit der alten Firma hatte er sich während der Technikerausbildung abgesichert, wird aber trotzdem nicht übernommen, wird arbeitslos. Das Arbeitsamt bietet ihm dann eine Stelle erheblich unter seinem Niveau an, die er aber ablehnt.

E: Ich bin am nächsten Tag gleich dann dort angetanzt, hab mich also da mit meim /eh/ mit dem Sachbearbeiter, der für mich zuständig war, dort unterhalten – und der hat eben gesagt, ja, hättens des net so leicht aufgeben /eh/ mir ham sonst nix da und so weiter. Er hat mir also net direkt Vorhaltungen gemacht, hat er gsagt, nuja, es war vielleicht net ganz schlau, im Großen und Ganzen so getan als ob er die Sache schon ja /eh/ so akzeptieren würde – und des gut ging und /ehm/ deswegen hats mich also besonders gewundert, des war im Oktober so ... dass also mit ungefähr sechs oder sieben Wochen Verspätung plötzlich n Schreiben mir ins Haus flattert, des war dann genau exakt Beginn vom Dezember, dass man mich rückwirkend vier Wochen lang sperrt. Also des heißt ich krich ka Geld, vier Wochen lang. Des war natürlich ne schöne Weihnachtsüberraschung dann im Dezember. Na ja, da hat ma aber, muss ich ehrlich sagen, recht unbürokratisch des Sozialamt ausgeholfen, allerdings des Geld, das die mir geben ham, des hab ich natürlich zurückbezahlt, ne.
H: hmhm.

3) Gruppendiskussion

Die beiden bisher besprochenen Interviewtechniken sind Einzelerhebungen: Je eine Person wird befragt, wird zum Erzählen animiert. Dabei kann man sich zwar sehr genau auf die subjektiven Bedeutungsstrukturen des Einzelnen einlassen. Viele Meinungen und Einstellungen aber sind so stark an soziale Zusammenhänge gebunden, dass sie am besten in sozialen Situationen – also in der Gruppe

– erhoben werden können. Fragt man beispielsweise heute im Einzelinterview Menschen nach ihren antisemitischen Vorurteilen, so wird man wenig fündig. Lässt man jedoch eine Gruppe von 5 bis 15 Menschen, vielleicht aus einer Hausgemeinschaft, über Juden diskutieren, so geschieht es leicht, dass sich das Gespräch hochschaukelt und die Vorurteile und Ideologien offenbart werden. Die Studie von F. Pollock (1955) konnte dies eindrucksvoll nachweisen. Rund 120 Gruppen mit insgesamt 1800 Personen aus der ganzen Bundesrepublik ließ man hier über die Nazi-Vergangenheit und die demokratische Gegenwart der BRD diskutieren und fand in einem großen Teil des Materials Ideologien und Vorurteile. Das Frankfurter Institut für Sozialforschung, das diese Studie durchführte, hat die Gruppendiskussion als sozialwissenschaftliche Methode entwickelt (vgl. Mangold 1960; Pollock 1955). Auch wenn einige neuere Untersuchungen mit dieser Methode arbeiten (z.B. Nießen 1977; Forschungsgruppe KEIN 1978; Leithäuser/Volmerg 1979; Peukert 1984), so wird sie doch heute viel zu selten angewandt. Denn die Erfahrungen zeigen, dass in gut geführten Gruppendiskussionen Rationalisierungen, psychische Sperren durchbrochen werden können und die Beteiligten dann die Einstellungen offen legen, die auch im Alltag ihr Denken, Fühlen und Handeln bestimmen. Solche subjektiven Bedeutungsstrukturen entstehen ja auch im Wesentlichen in sozialen Situationen, in Alltagsdiskussionen. Durch Gruppendiskussionen kann man an so etwas wie öffentliche Meinung, kollektive Einstellungen, Ideologien herankommen.

> **Grundgedanken:** Viele subjektive Bedeutungsstrukturen sind so stark in soziale Zusammenhänge eingebunden, dass sie nur in Gruppendiskussionen erhebbar sind. Hier können psychische Sperren durchbrochen werden, um auch zu kollektiven Einstellungen und Ideologien zu gelangen.

Schwierigkeiten beim Arbeiten mit dieser Methode macht oft die Gruppenbildung. Aus der Fragestellung der Untersuchung lassen sich die relevanten Gruppen ableiten. Sie sollen rund 5 bis 15 Teilnehmer umfassen und möglichst im Alltag als Gruppe bestehen.

Bei der Durchführung der Diskussionen hat sich eine Phaseneinteilung sehr bewährt. Mit der Präsentation eines so genannten Grundreizes wird begonnen: Der/die Diskussionsleiter/in liest eine zur Diskussion provozierende Textstelle vor, spielt einen Film, ein Tonband o.Ä. ab. Die darauf folgende Diskussion soll vom Diskussionsleiter möglichst wenig dirigiert werden. Nur während des weiteren Verlaufs führt er vorher festgelegte weitere »Reizargumente« in das Gespräch ein. Am Ende soll dann noch eine Metadiskussion geführt werden, also ein Gespräch über das Gespräch. Hier fragt der Diskussionsleiter, ob die Teilnehmer ihre Einstellungen formulieren konnten und wie sie sich während der Diskussion gefühlt haben. In der Metadiskussion liegt aber auch die Möglichkeit zu Lernprozessen der Beteiligten (vgl. Flick et al. 1991, S. 186ff.). Daraus ergibt sich nun das folgende Ablaufmodell für die Gruppendiskussionsmethode (Abb. 9).

Gruppendiskussionen sollten natürlich, wenn die Teilnehmer einverstanden sind, auf Tonband aufgenommen werden, um eine systematische Auswertung zu ermöglichen. Darüber hinaus gibt es auch positive Erfahrungen mit dem Einschalten eines stillen Beobachters, der Gruppendynamik, auffällige Gestik und Mimik der Teilnehmer/innen und sonstige Besonderheiten der Diskussion festhält (Forschungsgruppe KEIN 1978).

Die Methode Gruppendiskussion lässt sich für äußerst vielfältige Fragestellungen einsetzen, und es ist schade, dass sie so selten verwendet wird. Besonders geeignet ist sie dann, wenn es um kollektive Einstellungen, um öffentliche Meinung geht. Eine weitere Stärke ist das Aufspüren von Vorurteilen und Ideologien, von latenten Sinngehalten, die im Einzelinterview nicht so leicht zum Vorschein kommen. Die Gruppendiskussionsmethode erfasst alltägliche Sinnstrukturen, die in sozialen Situationen entstehen, sich verändern und das Denken, Fühlen und Handeln beeinflussen.

> **Anwendungsgebiete:** Die Gruppendiskussionsmethode eignet sich besonders zur Erhebung kollektiver Einstellungen, Ideologien und Vorurteile. Bei dieser Technik können auch größere Stichproben verwendet werden.

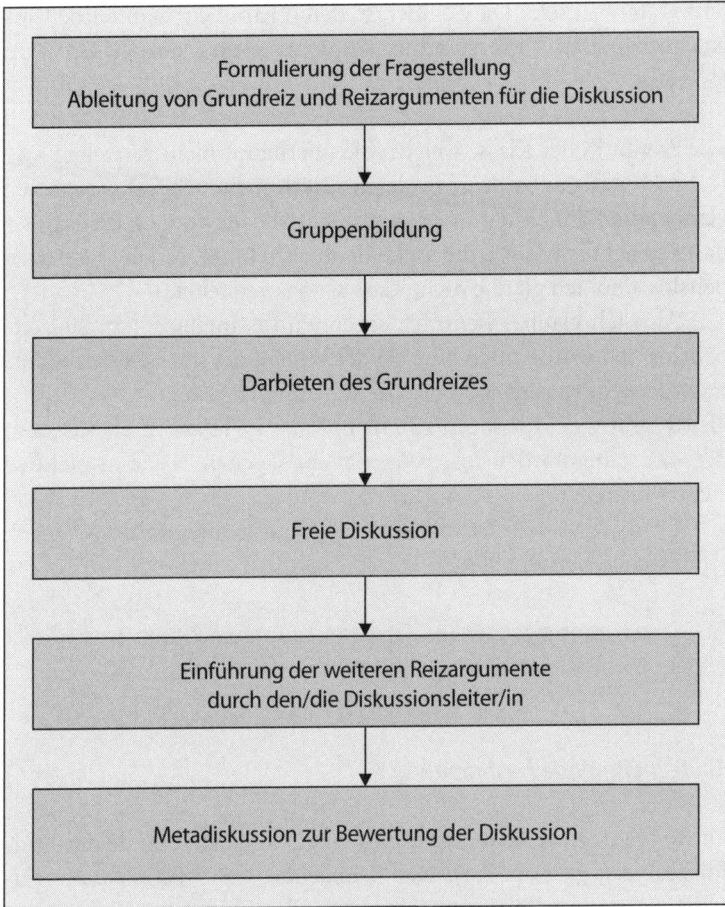

*Abb. 9: **Ablaufmodell der Gruppendiskussion***

Beispiel: Schindler/Wetzels (1985) haben Gruppendiskussionen in zwei Hauptschulklassen und einer Gesamtschulklasse zum Thema »Arbeitslosigkeit in der Familie« durchgeführt. Als Diskussionsanreiz stellten sie die Ergebnisse einer vorangegangenen Fragebogenuntersuchung an 537 Schülern vor. Ein überraschendes Ergebnis war zunächst, dass über das Thema in der Klasse überhaupt nicht und unter einzelnen Schülern nur sehr selten gesprochen wird. Die familiäre Betroffenheit von Arbeitslosigkeit scheint unter den Schülern »tabu« zu sein. Die Schüler, in deren Familie jemand arbeitslos ist, antizipieren Unverständnis, Stigmatisierung, soziale Isolation (S. 130):

»... Es gibt in der Klasse welche, die überhaupt nicht verstehen.«
»... Also ich glaube, Kinder, deren Eltern nicht arbeitslos sind, ich glaube, die können das überhaupt nicht verstehen, dass die Schüler dann so aggressiv sind, die sagen dann also, bloß, weil die Eltern arbeitslos sind, ich glaube nicht, dass sie das verstehen.«
»... Also ich glaube, wenn ich sagen würde, meine Eltern sind arbeitslos, ich würde mich bemitleidet fühlen, die können sich nichts mehr leisten, warum soll man mit denen noch reden.«
»... Es gibt viele, die sagen z.B. mein Vater ist Kranführer, das kann der mit seinem arbeitslosen Vater nicht sagen ... er kann nicht so richtig mitreden.«
»... Dann wird man bemitleidet ... da fühlt man sich dann auch ein bisschen benachteiligt.«

In der vorausgegangenen Fragebogenuntersuchung war dieser Aspekt nicht aufgetaucht.

4) Teilnehmende Beobachtung

Die teilnehmende Beobachtung ist eine Standardmethode der Feldforschung (vgl. Kap. 3.4). Der Beobachter steht nicht passiv-registrierend außerhalb seines Gegenstandsbereiches, sondern nimmt selbst teil an der sozialen Situation, in die der Gegenstand eingebettet ist. Er/sie steht in direkter persönlicher Beziehung mit den Beobachteten; er sammelt Daten, während er an deren natürlicher Lebenssituation partizipiert. Man verspricht sich davon, näher am Gegenstand zu sein, mehr die Innenperspektive erheben zu können. Ja, manche Gegenstände sind überhaupt nur über diese Methode erschließbar, sind von außen überhaupt nicht zugänglich (vgl. zu dieser Methode z.B. Girtler 1984; Burgess 1984; Aster/Merkens/Repp 1989; Flick et al. 1991, S. 189ff.).

Dies zeigen auch die Beispiele aus der Geschichte der Methode. Es gibt hier zwei Stränge. Die Kulturanthropologie hatte in Branislaw Malinowski einen engagierten Verfechter der teilnehmenden Beobachtung. Seine Untersuchungen von Eingeborenen in Neuguinea und Melanesien seit den 20er-Jahren dieses Jahrhunderts sind bahnbrechend gewesen. Sie wären ohne teilnehmende Beobachtung, bei denen die Forscher mit den Eingeborenenstämmen leben, nicht denkbar (vgl. z.B. Malinowski 1979). Ein zweiter Forschungszweig, die Chicago-Schule der Soziologie, arbeitete etwa gleichzeitig an der Entwicklung der Methode. Hier wurden beispielsweise Untersuchungen der Lebenswelt von Landstreichern gemacht (N. Anderson), hier wurde der Begriff »teilnehmende Beobachtung« geprägt (E.C. Lindemann). So lebte W.F. Whyte über drei Jahre in einem Bostoner Stadtviertel, um seine Untersuchung über die Beziehungen in und zwischen italienischen Einwanderergruppen durchzuführen (Whyte 1984).

Wenn die teilnehmende Beobachtung hier als qualitative Technik vorgestellt wird, so ist damit auch gemeint, dass sie nicht voll standardisiert konzipiert wird. Standardisierte Beobachtung arbeitet mit Beobachtungsbögen, in denen das Vorkommen von Beobachtungseinheiten angekreuzt wird. Die teilnehmende Beobachtung als qualitative Technik muss offener sein. Wohl ist es notwendig und sinnvoll, mit einem Beobachtungsleitfaden zu arbeiten, der genauer aufschlüsselt, was untersucht werden soll. Der Beobachter muss aber ausführliche Kommentare abgeben und auch neue Aspekte herausarbeiten können.

> **Grundgedanken:** Mit teilnehmender Beobachtung will der Forscher eine größtmögliche Nähe zu seinem Gegenstand erreichen, er/sie will die Innenperspektive der Alltagssituation erschließen. Dabei wird höchstens halb-standardisiert vorgegangen.

Man sieht hier die Parallelen zu den qualitativen Interviewmethoden. Weder eine völlig freie noch eine vollständig strukturierte Vorgehensweise ist sinnvoll. Der Mittelweg bedeutet, dass vorab die wichtigsten Beobachtungsdimensionen theoriegeleitet festgelegt und in einem Beobachtungsleitfaden zusammengestellt werden. Der Beobachter muss diesen Leitfaden nicht immer vor sich haben, das würde sein/ihr Handeln im Felde stören, er muss ihn aber verinnerlicht haben und für die Erstellung der Beobachtungsprotokolle zu Grunde legen. Dadurch werden die Beobachtungen unterschiedlicher Forscher und unterschiedlicher Situationen vergleichbar und die Ergebnisse leichter verallgemeinerbar.

Ein Problem bei teilnehmender Beobachtung ist immer der Zugang zum Untersuchungsfeld. Der Forscher will aufgenommen werden, akzeptiert werden, teilnehmen, ohne als Störfaktor zu wirken. Hier sind genaue Vorüberlegungen und ein vorsichtiges Herantasten nötig. Wenn dies erreicht ist, beginnt die eigentliche Beobachtungsphase, die mit dem aktiven Agieren des Forschers im Feld zusammenfällt. Jede teilnehmende Beobachtung muss dann in möglichst detaillierte Beobachtungsprotokolle münden. Dies kann z. T. schon während der Beobachtung geschehen (sog. Feldnotizen). Die Notizen und Protokolle sollen sich dabei auf Beobachtungsdimensionen und Leitfaden beziehen, können aber darüber hinausgehen. In jedem Falle müssen sie aber außerhalb der Feldkontakte, in Pausen o.Ä., zusammengestellt bzw. überarbeitet werden, um schließlich die Grundlage für die Schlussauswertung zu bilden. Daraus ergibt sich nun ein Ablaufplan wie in Abb. 10 (S. 83) dargestellt.

Auch diese qualitative Technik ist nicht für alle Fragestellungen gleichermaßen geeignet. Ihr Anwendungsbereich liegt dort, wo bestimmte Gegenstandsbereiche von außen schwer einsehbar sind. Durch die Teilnahme an diesem Bereich kann der/die Forscher/in der Perspektive der Beteiligten, der Innenperspektive, näher kommen. Dies trifft vor allem zu für Gegenstände, die in soziale Situationen eingebettet sind, denn erst dann ist eine Teilnahme sinnvoll möglich. Die halb-standardisierte teilnehmende Beobachtung ist schließlich eine Methode, die sehr gut für explorative, hypothesengenerierende Fragestellungen geeignet ist, also wenn es um die Strukturierung von Neuland geht.

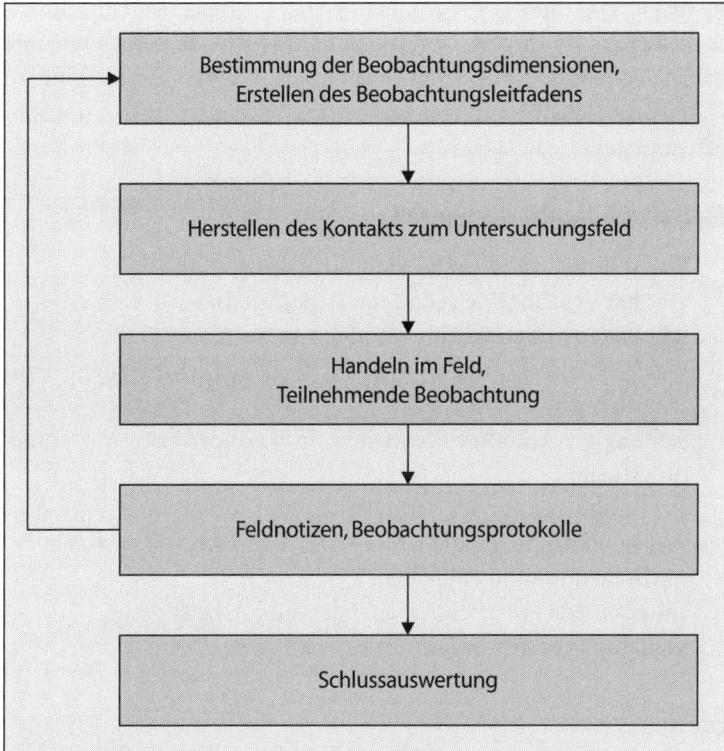

*Abb. 10: **Ablaufplan der teilnehmenden Beobachtung***

Anwendungsgebiete: Die teilnehmende Beobachtung ist besonders gut geeignet, wenn
- der Gegenstand in soziale Situationen eingebettet ist;
- der Gegenstandsbereich von außen schwer einsehbar ist;
- die Fragestellung eher explorativen Charakter hat.

Beispiel: Hier kann wieder an die Marienthaluntersuchung (Jahoda/Lazarsfeld/Zeisel 1975, Orig. 1933) angeknüpft werden (vgl. Beispiel S. 54). Denn ein Ziel des Projekts war es, möglichst stark am Alltagsleben der Arbeitslosen in Marienthal teilzunehmen. Eine Mitarbeiterin wohnte dort, man versuchte, zu den Familien, zu den

Institutionen (Sportverein, Gewerkschaft, Konsumverein, Bibliothek, Schule, Kirche), zur Fabrik, zur Gaststätte, zu den Geschäften in der Gemeinde Kontakt zu bekommen. Währenddessen wurden systematisch Beobachtungen nach dem folgenden Instruktionsbogen angestellt (a.a.O., S. 33):

A. *Stellung zur Arbeitslosigkeit*

Was war die erste Reaktion auf die Arbeitslosigkeit?
Was hat der Einzelne getan, um Arbeit zu finden?
Wer hat auswärts Arbeit gefunden, auf welchem Weg?
Welcher Arbeitsersatz wird geleistet? Z. B. Kleintierzucht, Bauernarbeit usw.
Stellung zu Arbeitsgelegenheiten, insbesondere zur Auswanderungsfrage?
Typen und Phasen des Verhaltens?
Welche Pläne haben die Leute noch? Unterschiede zwischen Erwachsenen und Jugendlichen?
Unterschiede zwischen Arbeitenden und Arbeitslosen?
Verhältnis zur Fürsorge?

B. *Wirkungen der Arbeitslosigkeit*

Wirkung auf den physischen Zustand der Bevölkerung?
Wirkungen auf die Schulleistungen der Kinder?
Wirkungen auf die Kriminalität?
Sind die älteren oder die jüngeren Kinder stärker von den Wirkungen der Arbeitslosigkeit betroffen?
Haben sich Schwierigkeiten bei eventueller Wiederaufnahme der Arbeit gezeigt?
Haben die politischen Gegensätze sich verschärft oder vermindert?
Wie hat sich die Stellung zur Religion verändert?
Haben sich allgemeine Interessenverschiebungen gezeigt?
Welche Veränderungen hat die Zeitbewertung durchgemacht?
Wie haben sich die Beziehungen der Einwohner zueinander geändert, Hilfsbereitschaft oder Kampf?
Veränderungen innerhalb der Familie?

4.2 Aufbereitungsverfahren

Die Deskription, die exakte und angemessene Beschreibung des Gegenstandes, ist ein besonderes Anliegen qualitativ orientierter Forschung (vgl. Kap. 2). Um dem wirklich Rechnung zu tragen, sollte man zwischen Erhebung und Auswertung einen Zwischenschritt stärker thematisieren: die Aufbereitung des Materials. Durch Erhebungsverfahren versucht man der Realität Informationen zu entlocken; dieses Material muss aber erst festgehalten, aufgezeichnet, aufbereitet und geordnet werden, bevor es ausgewertet werden kann. Die beste Erhebung nützt nichts, wenn hier unsauber gearbeitet wird. In quantitativer Forschung wird dieser Bereich zu sehr vernachlässigt. Höchstens die Probleme deskriptiver Statistik werden dort behandelt. Bei deskriptiver Statistik handelt es sich um die Aufbereitung der Daten durch eine grafische Darstellung der Häufigkeiten in Kurven, Balkendiagrammen u.Ä. Auch hier wird betont, wie verzerrend die Wahl der Einheiten, der Ausschnitte und der Maßstäbe wirken kann; ein weiteres Argument für die Wichtigkeit der Aufbereitungstechniken.

Für die qualitativ orientierte Forschung sollen nun drei Themenkreise der Materialaufbereitung behandelt werden:

- die Wahl der Darstellungsmittel;
- die Protokollierungstechniken;
- die Konstruktion deskriptiver Systeme.

Für jeden dieser Punkte sollen wieder Techniken vorgeschlagen und expliziert werden, um so eine möglichst differenzierte und gegenstandsadäquate Deskription zu erreichen, bevor ausgewertet wird.

5) Wahl der Darstellungsmittel

Hier haben die Journalisten den Wissenschaftlern meist einiges voraus und deshalb ist eine gute Reportage oft aussagekräftiger als ein schlechter wissenschaftlicher Bericht: Die Darstellungsmittel werden bewusst und kreativ eingesetzt. Natürlich ist das Hauptdarstellungsmittel des Wissenschaftlers die geschriebene Sprache, der Text. Denn seine Medien sind Fachzeitschriften und Bücher. Trotzdem aber gibt es vielfältige Möglichkeiten, hier zusätzliche Mittel einzubauen, und diese sollten genutzt werden. Zwei Grundgedanken sollten dabei leitend sein für eine vernünftige Auswahl. Zum einen müssen die Darstellungsmittel dem Gegenstand angemessen sein. Komplizierte Sinnzusammenhänge sind wohl als Text im direkten Zitat am besten darzustellen. Bei Situationsanalysen, Handlungszusammenhängen und auch emotionalen Bestandteilen können Fotos und Filme ein wertvolles Medium darstellen. Wenn es in irgendeiner Weise um geordnetes Material geht, gewinnen grafische Darstellungsmittel wie Tabellen und Modelle an Bedeutung. Der jeweilige Gegenstand empfiehlt also bestimmte Medien. Darüber hinaus ist aber noch ein zweiter Gesichtspunkt wichtig. Je vielfältiger die Darstellungsmittel sind, desto leichter ist das Verständnis und die weitere Auswertung. Ein kreatives Kombinieren unterschiedlicher Medien wäre in jedem Fall ein großer Gewinn.

Eine besondere Gruppe von Methoden grafischer Darstellung muss hier aber noch eigens erwähnt werden: Man kann subjektive Deutungen und Selbsteinschätzungen dadurch erheben, dass die Forschungssubjekte selbst zur grafischen Darstellung angeregt werden. Solche Techniken liegen also im Grenzbereich zwischen Erhebung und Auswertung. Ich möchte dazu zwei Beispiele anführen: Bei der Lebenslinientechnik wird der Proband dazu aufgefordert, das Auf und Ab seines Lebens in einer Kurve auszudrücken. Die Zeitachse mit den interessierenden Lebensjahren wird dabei vorgegeben. Dies ist in der Entwicklungspsychologie eine klassische Methode (vgl. Bühler 1933), die heute wieder verstärkt zum Einsatz kommt (z.B. Runyan 1980; Schroots 1984).

Die Strukturlegetechnik (Scheele/Groeben 1988; Dann/Krause 1988) wurde zur Analyse subjektiver Theorien, also komplexerer Deutungssysteme des Einzelnen im Alltag entwickelt. Dabei werden z.B. subjektive Begriffsdefinitionen so erhoben, dass mit dem Probanden zusammen einzelne Definitionselemente, auf Kärtchen geschrieben, identifiziert und in Beziehung gesetzt werden. Die Kärtchen werden so lange umhergeschoben, bis die Struktur der Definitionselemente der subjektiven Theorie des Probanden entspricht.

> **Grundgedanken:** Auf die Auswahl geeigneter Darstellungsmittel muss mehr Wert gelegt werden. Sie sollen
> - gegenstandsangemessen sein;
> - möglichst vielfältig sein.

Welche Darstellungsmittel stehen den Wissenschaftlern nun überhaupt zur Verfügung? Es sind im Wesentlichen der schriftliche Text, grafische Darstellungen und audiovisuelle Medien. Bei den grafischen Darstellungen sind an erster Stelle Tabellen zu nennen. Das Material wird hier unter bestimmte Kategorien geordnet (zur Kategorienbildung vgl. Technik 10 in diesem Kapitel) und in einer Übersicht dargestellt. Aber auch komplexere Modelle spielen eine wichtige Rolle. Prozessmodelle versuchen dabei, Abläufe in Einheiten zu zerlegen und übersichtlich darzustellen. Die Ablaufmodelle in diesem Buch sind Beispiele dafür. Kontextmodelle ordnen den Gegenständen unterschiedliche Kontextmerkmale zu und Strukturmodelle setzen Gegenstände oder Aspekte mit anderen systematisch in Verbindung. Auch für solche Modelle finden sich Beispiele in diesem Buch (z.B. Abb. 1, Abb. 27). Bei den audiovisuellen Medien wären Bildmaterial (Fotos, Zeichnungen …), Filmmaterial und Tonbandmaterial zu nennen.

> **Darstellungsmittel:**
> - Text
> - Grafische Darstellung
>   - Tabelle
>   - Prozessmodell
>   - Kontextmodell
>   - Strukturmodell
> - Audiovisuelle Darstellung
>   - Bildmaterial
>   - Filmmaterial
>   - Tonbandmaterial

Das Arbeiten mit solchen Medien genauer darzustellen würde den Rahmen dieses Buches sprengen. Weitere Anregungen und Beispiele bietet hier das ausgezeichnete Werk von Miles/Hubermann (1984). Hier sollte darauf hingewiesen werden, dass in der Wahl geeigneter Darstellungsmittel eine weitere Grundtechnik qualitativ orientierter Forschung besteht, die bisher vernachlässigt wurde.

Beispiel: Um wieder ein Beispiel aus der Arbeitslosenforschung zu geben, sei hier eine Grafik von R. Harrison angeführt (nach Kieselbach/Wacker 1985), die den Demoralisierungseffekt langfristiger Arbeitslosigkeit veranschaulichen soll (Abb. 11).

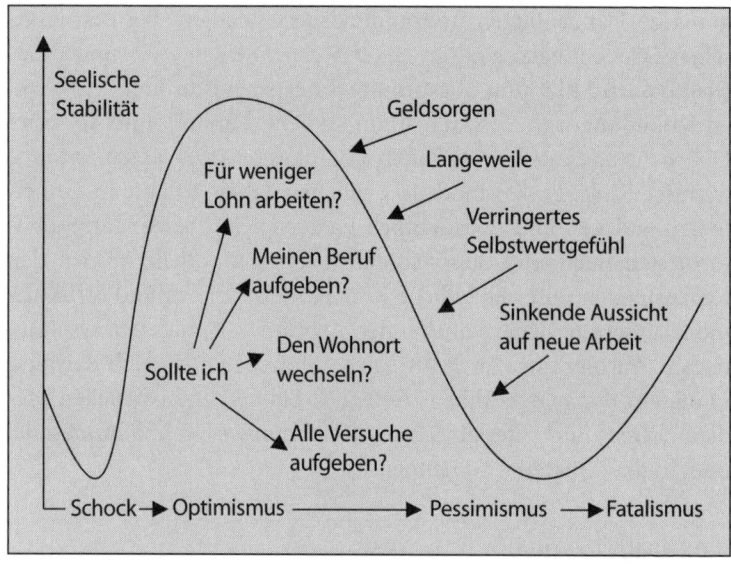

Abb. 11: **Psychosoziale Auswirkungen der Arbeitslosigkeit im Zeitverlauf**
(Harrison nach Kieselbach/Wacker 1985, Titelblatt)

Ein Problem, mit dem jede mit offeneren Erhebungstechniken arbeitende Forschung konfrontiert ist, betrifft die *Protokollierung* des Materials. Nur schweigen sich die Projekte darüber meist aus oder wählen ohne weitere Begründung eine bestimmte Protokollierungstechnik. Hier gilt aber wieder der Grundsatz der Materialaufbereitung: Die Weichen, die hier gestellt werden, bestimmen die Auswertung, also auch die Fehler, die dort begangen werden. Fünf verschiedene Protokollierungstechniken sollen deshalb nun genauer vorgestellt werden.

6) Wörtliche Transkription

Wenn gesprochene Sprache, beispielsweise aus Interviews oder Gruppendiskussionen, in eine schriftliche Fassung gebracht wird, so nennt man dies Transkription. Für eine ausführliche Auswertung ist die Herstellung von Transkripten zwar aufwändig, aber doch unabdingbar. Hier kann man Unterstreichungen und Randnotizen vornehmen, hier kann man blättern, Textstellen vergleichen. Das Wortprotokoll ermöglicht es auch, einzelne Aussagen in ihrem Kontext zu sehen und gibt so die Basis für ausführliche Interpretationen. Viele der später besprochenen Auswertungstechniken setzen eine wörtliche Transkription voraus.

> **Grundgedanke:** Durch wörtliche Transkription wird eine vollständige Textfassung verbal erhobenen Materials hergestellt, was die Basis für eine ausführliche interpretative Auswertung bietet.

Völlig übersehen wir aber meist, dass es dabei ganz unterschiedliche Vorgehensweisen gibt. Die exakteste Technik ist hier wohl das Arbeiten mit dem Internationalen Phonetischen Alphabet (IPA), das von der Internationalen Phonetic Association entwickelt wurde (Richter 1973; Ehlich/Switalla 1976). Dieses Alphabet ist eigens für das gesprochene Wort entwickelt worden, um auch alle Arten von Dialekt und Sprachfeinheiten festhalten zu können. Die genauen Regeln hierzu gibt H. Richter (1973) an. Zur Verdeutlichung soll der auf S. 90 abgebildete Protokollausschnitt dienen.

In den meisten Fällen ist man aber an solchen sprachlichen Färbungen nicht interessiert. Es gibt auch die Möglichkeit der *literarischen Umschrift*, die den Dialekt mit unserem gebräuchlichen Alphabet wiedergibt. Die genauen Regeln kann man der Arbeit von E. Zwirner und W. Bethge (1958) entnehmen, sodass hier wiederum nur ein Beispiel gegeben werden soll. Hier äußert sich ein Berliner Jugendlicher in einem Freizeitheim zu dem Vorschlag, in einem der Räume des Heimes Matratzen auszulegen.

ˈgʁoːᵘsmʊtɐɪ veːɪ⁺ - vaːɪ ɪn iːʁən gantsŋ̩ leːb·ŋ̩ nɔx nɪçᵗ
kʁaŋkᵗ gəveːzn̩ ziː hatə aenə ʔuːɐ̯vʏksɪgə gə'zunthaetᵗ - ʔabɐ̯ᴵ
                                                          ʔals
as si nun 'vɪᵗklɪç 'ʔaenmaːl ɛᴵ'vɪʃə - da vaːᴵ‿s glaeç ʔoː
ʃlɪm daş‿si ɪns ˈkʁaŋk·ŋ̩haˀʊ̊s musdə - ziː hetə żɪç damit
'ʔapgəfʊnd·ŋ̩ - ziː vaːᴵ gə'dʊldɪç - ʔabɐ̯ᴵ das dɐ̯ᴵ ʔaɪtst ʔiː
                                             tsʊ ʔɛsŋ̩
fabo:t voːˈnax iː deᴵ sɪn ʃtantᵗ - das vaːᴵ ʔi·ᴵ nɪçᵗ rɛçᵗ -
/ʔʊnt foᴵ ʔaln dɪŋ/² - ʔas̯ˏsi ʔan aenam ᵗtax ʔaen fɔᴵlaŋ
hatə - nax 'ɪʊntʃtʏk·ŋ̩³ mit guːtɐ̯ᴵ bʊtɐ̯ᴵ - ʔas⁺ ʔiːə toxtɐ̯ᴵ
tsʊ bəzuːx kaːm zaxt⁴ ziːˏs⁵ tsʊ⁶ ʔiːə - jaˏʔabɐ mʊtɐ̯ᴵ
zaxtᵉə di toxtɐ̯ᴵ - das‿ɪs dɔx nɪçᵗ ʃlɪm - 'ɪʊntʃtʏk·ə ³
mit bʊtɐ̯ᴵ das⁷ vɪl ɪç diˀ dɔx gɛɪˈnə bə'zɔːᵃgŋ̩ - ʔɪç geːə

Großmutter¹ war, war in ihrem ganzen Leben noch nicht
krank gewesen. Sie hatte eine urwüchsige Gesundheit. Aber als

es sie nun wirklich einmal erwischte, da war's gleich so
schlimm, daß sie ins Krankenhaus mußte. Sie hätte sich damit
abgefunden, sie war geduldig. Aber daß der Arzt ihr zu essen

verbot, wonach ihr der Sinn stand, das war ihr nicht recht.
/Und vor allen Dingen/², als sie an einem Tag ein Verlangen
hatte nach Rundstücken³ mit guter Butter. Als ihre Tochter
zu Besuch kam, sagt⁴ sie es⁵ ⁶ ihr. "Ja, aber Mutter",
sagte die Tochter, "das ist doch nicht schlimm. Rundstücke ³
mit Butter, das⁷ will ich dir doch gerne besorgen. Ich gehe

Abb. 12: **Protokollabschnitt unter Verwendung des Internationalen
Phonetischen Alphabets (IPA)** *(linke Spalte)*
(aus Ehlich/Switalla 1976, S. 83).

»H.: (...) Ja, un un da kann sich jeder nun richtich austobn und denn kommta wieder raus, hatt jenuch. Aha, wer nun rinnjehn will, der kann de Matratzen och von da Kante stapln, der kann sagen, jetz, aus siebn Matratzn bau ick mir jetz n eignet Haus und bin janz alleene. Da ka ma ja, hör ma, da ka ma jarkeener sehn, wenn ick jetzt mit meiner Frau inner Ecke liege. Un deshalb bin ick dafür, dass die sechzig Matratzn. Is zu viel, Fritz, ja? Stimmt, die – alle, ick meine für die Menge, für die Größe des Raumes, aba angebracht sin se trotzdem, könn ruhich rinnjehn. Ick meine wenn ick, wenn se an irjend eener Ecke an irjendeener Wand gestapelt, vastehste? Aba trotzdem könn' diese sechzig Matratzn ruhich rin.« (Wunderlich nach Mollenhauer/Rittelmeyer 1977, S. 51).

Solche Texte sind anstrengend zu lesen; man muss sich einlesen, muss sie wieder lesen, um sie nachvollziehen zu können. Um mehr Lesbarkeit zu erreichen, muss man sich jedoch stärker vom gesprochenen Wort weg entfernen. Die *Übertragung in normales Schriftdeutsch* ist dabei die weitestgehende Protokolltechnik. Der Dialekt wird bereinigt, Satzbaufehler werden behoben, der Stil wird geglättet. Dies kommt dann in Frage, wenn die inhaltlich-thematische Ebene im Vordergrund steht, wenn der Befragte beispielsweise als Zeuge, als Experte, als Informant auftreten soll.

> **Vorgehensweise:** Bei der wörtlichen Transkription stehen im Wesentlichen drei Techniken zur Verfügung:
> - das Internationale Phonetische Alphabet, um alle Dialekt- und Sprachfärbungen wiederzugeben;
> - die literarische Umschrift, die auch Dialekt im gebräuchlichen Alphabet wiedergibt;
> - die Übertragung in normales Schriftdeutsch.

7) Kommentierte Transkription

Wichtige Informationen über das Wortprotokoll hinaus werden durch kommentierte Transkriptionen festgehalten. Hier müssen vor allem zwei Techniken besprochen werden. Zum einen kann man durch Sonderzeichen Auffälligkeiten der Sprache wie Pausen, Betonungen, Sprechweisen, Lachen u.Ä. im Wortprotokoll vermerken. W. Kallmeyer und F. Schütze (1976) haben hier ein sehr brauchbares System erarbeitet (S. 6f.):

(,)	=	ganz kurzes Absetzen einer Äußerung
. .	=	kurze Pause
...	=	mittlere Pause
(Pause)	=	lange Pause
mhm	=	Pausenfüller, Rezeptionssignal, zweigipflig
(.)	=	Senken der Stimme
(–)	=	Stimme in der Schwebe
(')	=	Heben der Stimme
(?)	=	Frageintonation
(h)	=	Formulierungshemmung, Drucksen
(k)	=	markierte Korrektur (Hervorheben der endgültigen Version, insbesondere bei Mehrfachkorrektur)
sicher	=	auffällige Betonung
sicher	=	gedehnt
(Lachen) (geht raus) (schnell)	=	Charakterisierung von nichtsprachlichen Vorgängen bzw. Sprechweise, Tonfall; die Charakterisierung steht vor den entsprechenden Stellen und gilt bis zum Äußerungsende, bis zu einer neuen Charakterisierung oder bis +
&	=	auffällig schneller Anschluss
(. .), (…)	=	unverständlich
(Kommt es?)	=	nicht mehr genau verständlich, vermuteter Wortlaut
A: B:	⌈ aber da kam ich nicht weiter ⌊ ich möchte doch sagen	
	=	gleichzeitiges Sprechen, u. U. mit genauer Kennzeichnung des Einsetzens

Ein kleiner Gesprächsausschnitt zeigt aber sogleich, dass diese zusätzliche Information auf Kosten der Lesbarkeit des Protokolls geht (vgl. Abb. 13).

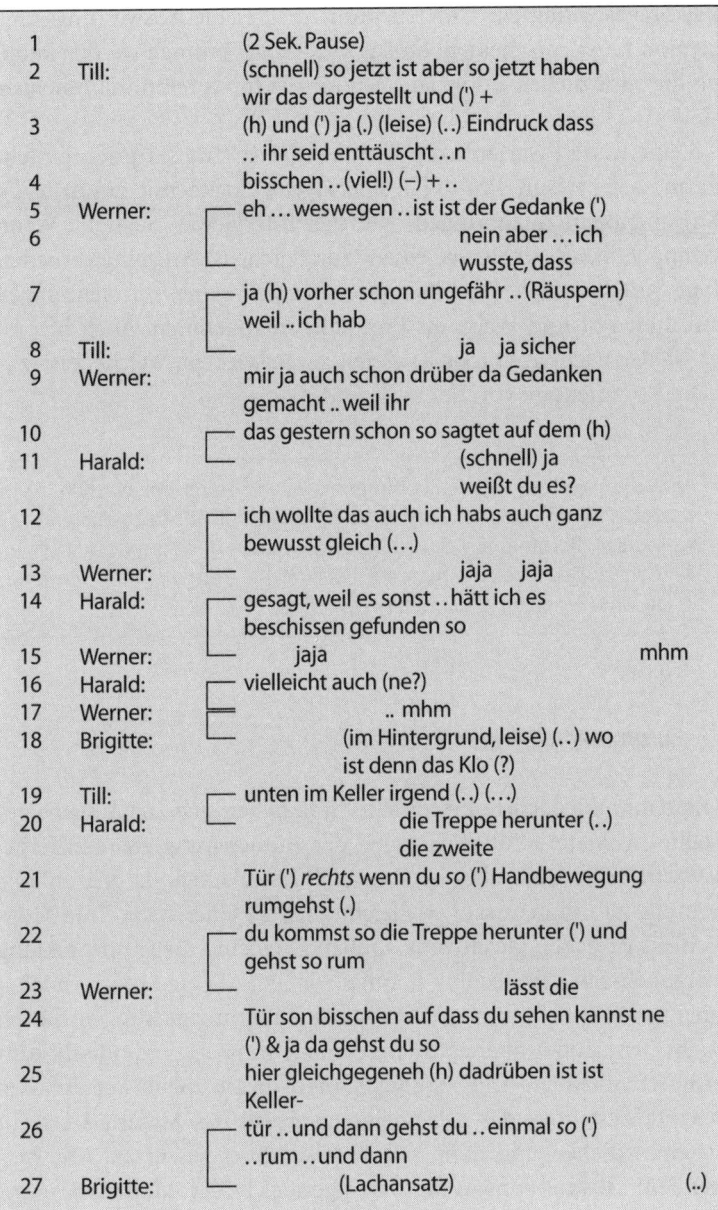

Abb. 13: **Beispiel einer kommentierten Transkription**
(Kallmeyer/Schütze 1976, S. 7f.)

Die Fragestellung der Untersuchung, die genaue Auswertungskonzeption muss entscheiden, ob das in Kauf genommen werden kann, ob die zusätzlichen Informationen für die Interpretation brauchbar sind.

Eine weitere Variante der kommentierten Transkription besteht darin, neben dem Protokoll eine eigene Spalte mit zusätzlichen Kommentaren anzubringen, die der Interviewer ausfüllt. Wenn Gruppendiskussionen mit einem zusätzlichen Beobachter arbeiten (vgl. Verfahren 3, S. 76), so empfiehlt es sich, seine Aufzeichnungen auf diese Art und Weise ins Protokoll aufzunehmen. Auch hier ist es wieder wichtig, vorher Kriterien zu entwickeln, welche zusätzlichen Kommentare von Interesse sind.

> **Vorgehensweise:** Bei der kommentierten Transkription werden zusätzliche Informationen über das Wortprotokoll hinaus festgehalten:
> - Pausen, Betonungen, Sprachbesonderheiten durch Sonderzeichen;
> - oder zusätzliche Kommentare nach vorher festgelegten Kriterien in einer eigenen Spalte neben dem Text.

8) Zusammenfassendes Protokoll

Diese und die nächste Protokolltechnik haben sich zur Aufgabe gestellt, die Materialfülle schon bei der Aufbereitung zu reduzieren. Es wird nicht mehr alles im Protokoll festgehalten, da dies zu aufwändig, zu uninteressant, vielleicht auch zu teuer wäre. Eine Möglichkeit ist dabei, gleich vom Tonband aus eine Zusammenfassung vorzunehmen. Als Technik können wir hier die qualitative Inhaltsanalyse zu Hilfe nehmen. Denn auch Zusammenfassungen dürfen nicht dem Zufall überlassen werden, sie müssen methodisch kontrolliert ablaufen. Der Grundgedanke dieser inhaltsanalytischen Methode ist nun, das Allgemeinheitsniveau des Materials erst zu vereinheitlichen und dann schrittweise höher zu setzen. Mit steigendem Abstraktionsniveau verringert sich der Materialumfang, denn einzelne Bedeutungseinheiten werden integriert, gebündelt, können fallen gelassen werden, da sie im allgemeinen Text schon aufgegangen sind (vgl. zur zusammenfassenden Inhaltsanalyse Mayring 2000).

> **Grundgedanke:** Bei der systematischen zusammenfassenden Inhaltsanalyse wird das Allgemeinheitsniveau des Materials vereinheitlicht und schrittweise höher gesetzt.

Bei diesem Verallgemeinerungsprozess kommt uns die Psychologie der Textverarbeitung (z.B. van Dijk 1980; Mandl 1981; Ballstaedt et al. 1981) zu Hilfe. Hier sind aus der empirischen Analyse, wie Zusammenfassungen im Alltag (z.B. von Schülern) erstellt werden, sechs reduktive Prozesse herausgearbeitet worden:

- *Auslassen:* Propositionen (jede bedeutungstragende Aussage, die sich aus dem Text ableiten lässt, vgl. Titzmann 1977, S. 1980ff.), die an mehreren Stellen bedeutungsgleich auftauchen, werden weggelassen.
- *Generalisation:* Propositionen, die durch eine begrifflich übergeordnete, abstrakte Proposition impliziert werden, werden durch diese ersetzt.
- *Konstruktion:* Aus mehreren spezifischen Propositionen wird eine globale Proposition konstruiert, die den Sachverhalt als Ganzes kennzeichnet und die spezifischen Propositionen überflüssig macht.
- *Integration:* Eine Proposition, die in einer bereits durch Konstruktion gebildeten globaleren Proposition aufgeht, kann wegfallen.
- *Selektion:* Bestimmte zentrale Propositionen werden unverändert beibehalten, da sie wesentliche, bereits generelle Textbestandteile darstellen.
- *Bündelung:* Inhaltlich eng zusammenhängende, im Text aber weit verstreute Propositionen werden als Ganzes, in gebündelter Form wiedergegeben.

Daraus lässt sich nun das Ablaufmodell zusammenstellen (vgl. Abb. 14, S. 96).

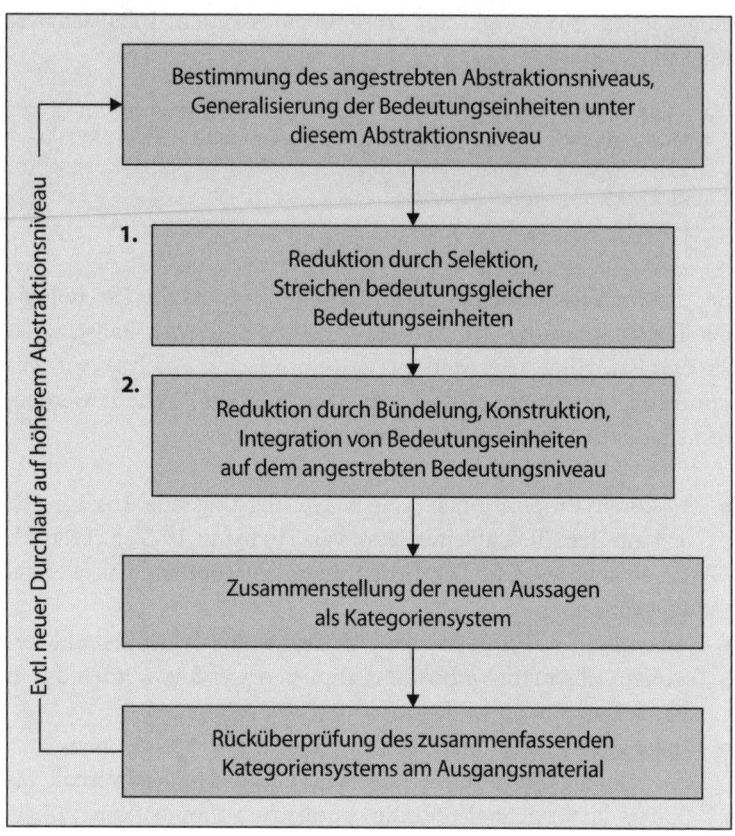

Abb. 14: **Ablaufmodell zusammenfassender Inhaltsanalyse**
(Mayring 1995)

Zunächst wird das Abstraktionsniveau bestimmt und das Material auf dieses Niveau hin generalisiert. Dann werden solche verallgemeinerten Bedeutungseinheiten weggelassen, die bereits vorgekommen sind. Schließlich werden ähnliche oder zusammenhängende Bedeutungseinheiten gebündelt, integriert und umfassende Einheiten konstruiert. Was dann übrig bleibt, wird zusammengestellt und am Ausgangsmaterial auf seine Tauglichkeit hin überprüft. Wenn die Zusammenfassung noch nicht allgemein genug ist, wird dieser Prozess erneut durchlaufen.

Ein ähnliches Verfahren, wenn auch weniger systematisch und damit unkontrollierter, stellt das Inhaltsprotokoll dar, das K. Wahl et al. (1982) zur Auswertung von rund 600 Stunden Tonbandaufzeichnungen aus einer Untersuchung über Unterschichtfamilien entwickelten.

Mit dieser Technik der zusammenfassenden Inhaltsanalyse kann man enorme Materialmengen bearbeiten und zu einem handhabbaren Umfang reduzieren. Sie kommt natürlich nur in Frage, wenn man vorwiegend an der inhaltlich-thematischen Seite des Materials interessiert ist. Der konkrete Sprachkontext, die Interview- oder Diskussionssituation, geht verloren.

> **Anwendungsgebiet:** Ein zusammenfassendes Protokoll ist dann sinnvoll, wenn man vorwiegend an der inhaltlich-thematischen Seite des Materials interessiert ist und die Materialfülle anders nicht bearbeiten kann.

Beispiel: Aus der Lehrer-Arbeitslosigkeitsuntersuchung (Ulich et al. 1985) soll hier ein Beispiel gegeben werden. Ein etwa einseitiger Protokollausschnitt aus einem Interview mit »Willi« (Deckname) wurde dabei auf fünf Kernaussagen zusammengefasst. Die Tabelle gibt einen Überblick über die Zwischenschritte (vgl. Abb. 15).

9) Selektives Protokoll

Manchmal macht es aber auch Sinn, in das Protokoll nur ganz bestimmte Dinge aufzunehmen und das rechtliche Material ganz wegzulassen, auch dies vor allem bei sehr umfangreichem Material. Der entscheidende Punkt hierbei ist, vorher genaue Kriterien festzulegen, was protokolliert werden soll. Dies wird von der Fragestellung der Untersuchung her entschieden. Die Kriterien müssen darüber hinaus so genau definiert und mit Beispielen verdeutlicht werden, dass die Protokollierungsentscheidung immer eindeutig möglich ist. Hier ist ein anderes inhaltsanalytisches Verfahren anwendbar, die Strukturierung (vgl. Mayring 2000). Diese Technik

Zeile	Nr.	Paraphrase	Generalisierung	Nr.	Reduktion
3	1	Es geht mir eine Menge ab, jetzt nicht mehr Lehrer zu sein	Es geht einem eine Menge ab	1	Verlust der Befriedigung durch den Beruf (1, 2, 4)
5	2	Lehrertätigkeit in Referendarzeit war befriedigend	Befriedigung durch Beruf fehlt	2	Positive Bewertung (Urlaub) nur am Anfang (3)
7	3	Arbeitslosigkeit für mich zunächst als Art Urlaub	Zunächst nur eine Art Urlaub	3	Angst, die Arbeitslosigkeit der Umwelt einzugestehen (Versteckspiel) (5,6,7,8)
8	4	Andererseits möchte ich jetzt gerne Lehrer sein	Der Beruf geht einem ab	4	Diffuse Zwischenphase, da nur als Übergangssituation angesehen (9,10,11,17)
10	5	Habe Angst, die Arbeitslosigkeit der Umwelt einzugestehen	Angst, die Arbeitslosigkeit der Umwelt einzugestehen	5	Wegen Arbeitslosigkeit ist freie Zeit nicht richtig nutzbar, werden Probleme verschoben (12,13,14,15,16)
11	6	Versuche, Arbeitslosigkeit vor den anderen zu verbergen	Versuch, die Arbeitslosigkeit zu verbergen, als Folge		
13	7	Versuche, den Eindruck zu erwecken, normal zu arbeiten	Versuch, die Arbeitslosigkeit zu verbergen, als Folge		
14	8	Dieses Versteckspiel belastet ein bißchen	Versuch, die Arbeitslosigkeit zu verbergen, belastet		
16	9	Habe mich noch nicht ganz abgefunden	Man findet sich nicht ab		
17	10	Sehe es noch als Übergangssituation	Man sieht es als Übergangssituation		
19	11	Glaube in der nächsten Woche wird es wieder normal, wie Ferien	Man sieht es als Übergangssituation		
21	12	Kann die Zeit nicht richtig nutzen	Man kann die Zeit nicht richtig nutzen		
22	13	Hänge ein bißchen rum	Man hängt rum		
22	14	Verschiebe Probleme ein bißchen	Man verschiebt Probleme		
24	15	Verschiebe auch konkrete Probleme wie Gang zum Arbeitsamt	Man verschiebt unangenehme Dinge wie Arbeitsamt		
25	16	Mache solche Sachen recht widerwillig	Arbeitsamt ist unangenehm		
26	17	Bin in einer etwas diffusen Zwischenphase	Diffuse Zwischenphase		

Abb. 15: **Zusammenfassung eines Interviewausschnitts mit einem arbeitslosen Lehrer** (Mayring 2000)

wird unter den Anwendungsverfahren im nächsten Kapitel genauer beschrieben (vgl. Verfahren 14), sodass ich hier auf diesen Teil verweisen möchte. Sinnvoll sind selektive Protokolle, wenn in der Erhebungsphase verschiedene Techniken angewandt wurden, um ganz bestimmte Aspekte hervorzulocken. Im Material ist dann möglicherweise viel Abschweifendes, Überflüssiges, zur Auswertung nicht weiter Verwertbares enthalten. Aber man muss sich auch der Gefahren des Vorgehens bewusst sein, denn der zur Interpretation oft notwendige Kontext geht meist verloren.

> **Grundgedanken:** Bei großer Materialfülle und viel Überflüssigem, Abschweifendem im Material kann ein selektives Protokoll sinnvoll sein. Die Auswahlkriterien müssen dabei genau festgelegt und definiert werden. Die strukturierende Inhaltsanalyse kann dabei nützlich sein (vgl. Technik 14).

10) Konstruktion deskriptiver Systeme

Mit dieser letzten Technik der Materialaufbereitung begeben wir uns am weitesten hinein in das Gebiet der Auswertung. Aber die Übergänge sind eben fließend. Mit der Konstruktion deskriptiver Systeme soll hier im Wesentlichen das Erstellen von beschreibenden Kategoriensystemen von Klassifikationen gemeint sein. Mit ihrer Hilfe ordnet man das Material unterschiedlichen Überschriften zu. In der bisherigen Forschung wird dieser Bereich meist übergangen; die Kategoriensysteme werden oft ohne weitere Begründungen vorgestellt. Hier zeigt sich also wieder der Grundgedanke qualitativ orientierten Vorgehens: die Explikation und Kontrolle von qualitativen Analyseschritten, die auch in quantitativer Forschung stillschweigend enthalten sind.

Deskriptiven Systemen sind wir schon bei der Auswahl der Darstellungsmittel (Verfahren 5) begegnet, als es um Tabellen und Modelle ging. Dort sollte auf ihre Funktion als Darstellungsmedien hingewiesen werden; hier geht es um die Konstruktion der Kategorien selbst. Noch einmal werden wir auf Kategoriensysteme bei den Auswertungstechniken eingehen. Dort wird es dann um die Arbeit mit Kategoriensystemen gehen (Verfahren 14, Qualitative Inhaltsanalyse). Dieses mehrfache Aufgreifen verdeutlicht auch, wie viel Wert qualitatives Denken auf das methodisch abgesicherte Umgehen mit solchen deskriptiven Strukturierungen legt. Der Grundgedanke bei der Konstruktion deskriptiver Systeme ist dabei, dass sie immer abstrakter als das Material sind, da sie dieses ja ordnen sollen. Sie stellen Verallgemeinerungen dar, hervorgegangen aus der Ebene konkreter empirischer Tatbestände; sie sind somit theoretische Aussagen. A. Strauss (1987) hat dies in ein Konzept-Indikatoren-Modell gefasst (Abb. 16).

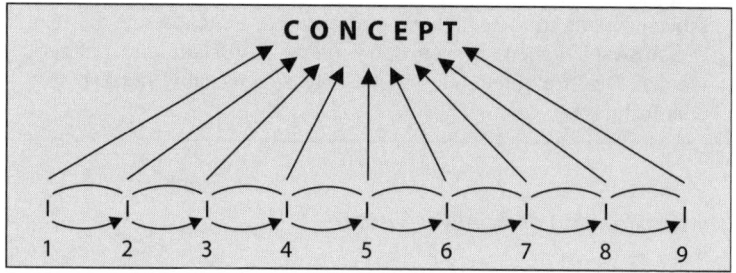

*Abb. 16: **Konzept-Indikatoren-Modell** (Strauss 1987, S. 25)*

Durch den Vergleich der Indikatoren auf der empirischen Ebene kristallisiert sich erst in Bruchstücken, dann immer klarer die allgemeinere Kategorie, das Konzept heraus (vgl. Verfahren 11, Gegenstandsbezogene Theoriebildung). Das bedeutet aber auch, dass die Kategorien (Konzepte) zum einen in Verbindung gesetzt werden müssen mit allen anderen theoretischen Aussagen über den jeweiligen Gegenstand. Zum anderen müssen sie auf das konkrete empirische Material passen. Die Konstruktion deskriptiver Systeme steht also im Spannungsverhältnis zwischen Theorie und Empirie.

> **Grundgedanken:** Mit der Konstruktion deskriptiver Systeme soll das Material durch zu Kategoriensystemen zusammengestellte Überbegriffe geordnet werden. Die Kategorien werden theoriegeleitet und auf das konkrete empirische Material bezogen entwickelt.

Der Schwerpunkt kann dabei zwischen Theorie und Empirie unterschiedlich gesetzt werden. Mehr theoretische Klassifizierungen werden direkt aus theoretischen Vorüberlegungen abgeleitet und auf das Material angewandt. Stärker empirische Klassifizierungen werden aus dem Material heraus entwickelt und dann in den theoretischen Zusammenhang eingeordnet. Der Ablauf der Kategorienbildung ist in jedem Falle geprägt von zwei Grundsätzen. Zum einen muss sie schrittweise vorgehen (vgl. dazu auch Mollenhauer/Rittelmeyer 1977, S. 66ff.): Erst muss der Gegenstand genau bestimmt werden, der durch ein deskriptives System geordnet werden soll. Dieser Gegenstand wird in einem zweiten Schritt dimensioniert. Es wird theoriegeleitet festgelegt, in welcher Hinsicht geordnet werden soll, also auf welchen Dimensionen unterschiedliche Klassen gebildet werden sollen. Erst jetzt wird, wieder mehr oder weniger stark theoriegeleitet, das Kategoriensystem gebildet, indem auf den Dimensionen die einzelnen Ausprägungen, Klassen definiert werden. Der zweite wesentliche Punkt bei der Bildung deskriptiver Systeme ist, dass sie durch Probeläufe an das Material angepasst werden müssen. Wenn der Probelauf, das Ausprobieren des Kategoriensystems an einem Materialausschnitt, Zweifel an Dimensionen und Kategorien aufkommen lässt, müssen diese überarbeitet werden. Daraus ergibt sich ein Kreislauf, der das endgültige, theoretisch und empirisch abgesicherte Kategoriensystem hervorbringt (Abb. 17, S. 102).

Wenn nun mit solchen deskriptiven Systemen gearbeitet werden soll, so ist es von entscheidender Bedeutung, die Kategorien so genau zu definieren, dass eine eindeutige Zuordnungsentscheidung immer möglich ist. Auch dafür gibt es qualitative Techniken, auf die dann bei den Auswertungsmethoden (Verfahren 14, Qualitative Inhaltsanalyse) näher eingegangen wird.

Beispiel: In der Marienthal-Untersuchung wurden im Rahmen der Kleideraktion bei 100 Familien Hausbesuche gemacht, die zu Gesprächen und Beobachtungen genutzt wurden. Beim Vergleich dieses Materials mit den Lebensgeschichten, den Beobachtungen in außerfamiliären Situationen kristallisierte sich heraus, dass die

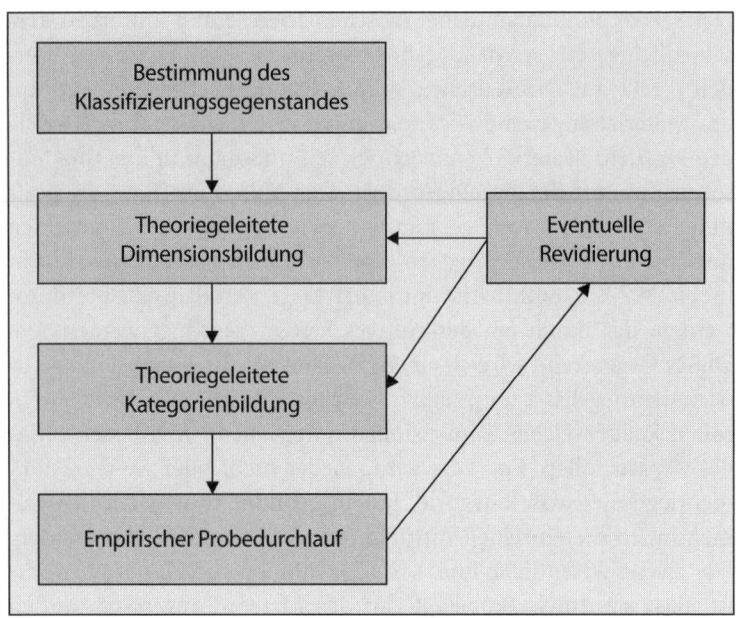

Abb. 17: **Ablaufmodell der Konstruktion deskriptiver Systeme**

Familien sich nach unterschiedlichen Grundhaltungen unterscheiden ließen:

- ungebrochene Grundhaltung: »Aufrechterhalten des Haushaltes, Pflege der Kinder, subjektives Wohlbefinden, Aktivität, Pläne und Hoffnungen für die Zukunft, aufrechterhaltene Lebenslust, immer wieder Versuche zur Arbeitsbeschaffung« (Jahoda/Lazarsfeld/Zeisel 1975, S. 71);
- resignierte Grundhaltung: »Das gleichmütig erwartungslose Dahinleben, die Einstellung: man kann ja doch nichts gegen die Arbeitslosigkeit machen, dabei eine relativ ruhige Stimmung« (a.a.O. S. 70);
- verzweifelte Grundhaltung: »Verzweiflung, Depression, Hoffnungslosigkeit, das Gefühl der Vergeblichkeit aller Bemühungen und daher keine Arbeitssuche mehr, keine Versuche zur Verbes-

serung sowie häufig wiederkehrende Vergleiche mit der besseren Vergangenheit« (a.a.O. S. 71);
- apathische Grundhaltung: Energieloses, tatenloses Zusehen, ungepflegte Wohnung und Kinder, indolente Stimmung, keine Pläne, unrationelle Hauswirtschaft, oft Alkoholismus. Die Familie zeigt Verfallserscheinungen.

Diese vier Grundhaltungen stellen ein deskriptives System dar, das dann auch Ausgangspunkt für quantitative Analysen wurde (16% ungebrochen, 48% resigniert, 11% verzweifelt, 25% apathisch).

4.3 Auswertungsverfahren

Hier sollen nun sieben Auswertungsverfahren vorgestellt werden, die im Bereich qualitativer Forschung in den letzten Jahren entwickelt bzw. wieder entdeckt wurden. Wenn auch diese Sammlung nicht vollständig sein kann und will, so entsteht doch ein Überblick über die Bandbreite moderner qualitativer Forschung. Auch in diesem Kapitel werden wir wieder strukturiertere und weniger stark strukturierte Verfahren kennen lernen, Vorgehensweisen, die mehr auf Beobachtungsmaterial, und solche, die auf verbale Daten bezogen sind. Hier sollen sie zunächst der Reihe nach besprochen werden, bevor im nächsten Kapitel eine Systematisierung versucht wird.

11) Gegenstandsbezogene Theoriebildung

Als Erstes soll hier ein Verfahren vorgestellt werden, das innerhalb der amerikanischen Soziologie der 50er- und 60er-Jahre im Umkreis Howard Beckers von B.G. Glaser und A.L. Strauss entwickelt und als »grounded theory« bezeichnet wurde (vgl. Glaser/Strauss 1969; Glaser 1978; Strauss 1987; Strauß/Corbin 1990). Gegenstandsbezogene Theorie hat sich für diesen Begriff als Übersetzung eingebürgert. Es ist ein Verfahren gemeint, das schon während der Erhebung Schritte der vorwiegend induktiven Konzept- und Theoriebildung zulässt. Glaser und Strauss argumentieren dabei, dass vor allem bei offener Feldforschung die Forscher in jedem Fall sich bei der Datensammlung bereits Gedanken über die Auswertung machen und diese impliziten Konzepte in die weitere Datensammlung Eingang finden. Qualitativ orientierte Forschung sieht wenig Sinn darin, sich nach dem Ideal des Kritischen Rationalismus (Karl Popper) darauf zu beschränken, nur vor der Datenerhebung formulierte Hypothesen zu überprüfen. Die »grounded theory« lässt die Konzeptbildung (Kodes und Konstrukte) während der Datenerhebung bewusst zu und will sie durchsichtig machen. Damit finden Datenerhebung und Auswertung gleichzeitig statt. Im Laufe der Datenerhebung kristallisiert sich ein theoretischer Bezugsrahmen heraus, der schrittweise modifiziert und vervollständigt wird. Wenn er in Klarheit und Aussagekraft zufrieden stellend ist, wird die weitere Datenerhebung abgebrochen, und die wesentliche Auswertungsarbeit ist bereits vollzogen. Am Beispiel der Entwicklung »Integrierender Konstrukte« (Barton/Lazarsfeld 1979) soll gezeigt werden, worum es hier geht (auf die Marienthal-Untersuchung Bezug nehmend).

Beispiel: »Während der Untersuchung von Arbeitslosen in einem österreichischen Dorf machten die beteiligten Forscher eine Vielzahl unterschiedlicher »überraschender Beobachtungen«. Obwohl die Leute jetzt mehr Zeit hatten, benutzten sie die Leihbücherei immer weniger. Obwohl sie unter der wirtschaftlichen Situation litten, sank ihre politische Aktivität. Arbeitslose, die überhaupt nichts zu tun hatten, machten weniger Anstalten, sich in anderen Städten nach Arbeit umzuschauen, als solche, die doch noch irgendeiner Arbeit nachgingen. Die Kinder der Arbeitslosen hatten über zukünftige Berufe weniger deutlich entwickelte Vorstellungen als die Kinder von Leuten, die Arbeit hatten. Sie wussten auch nicht, was sie sich zu Weihnachten wünschen sollten. Die Forscher waren mit praktischen Schwierigkeiten der unterschiedlichsten Art konfrontiert, weil die Leute sehr oft spät oder überhaupt nicht zu den Interviews erschienen. Die Leute hatten einen langsamen Schritt. Verabredungen waren sehr schwierig zu arrangieren, ›ganz offensichtlich klappte nichts mehr im Dorf‹. Alle diese Beobachtungen ergaben schließlich eine Gesamtcharakterisierung des Dorfes als ›die müde Gemeinde‹. Auf diese Formel ließen sich die beobachteten Merkmale bringen, die jeden Verhaltensbereich durchdrungen hatten. Obwohl die Leute nichts zu tun hatten, wirkten sie müde – sie schienen an einer Art allgemeiner Lähmung ihrer geistigen Energien zu leiden (Jahoda/Zeisel 1932).« (Barton/Lazarsfeld 1979, S. 77f.)

Solche integrierenden Konstrukte können dann während der Feldarbeit verfeinert und mit anderen Konstrukten verknüpft werden.

> **Grundgedanken:** Gegenstandsbezogene Theoriebildung geht davon aus, dass der Forscher während der Datensammlung theoretische Konzepte, Konstrukte, Hypothesen entwickelt, verfeinert und verknüpft, sodass Erhebung und Auswertung sich überschneiden.

Das zentrale Instrument beim Erarbeiten gegenstandsbezogener Theorieelemente sind Merkzettel: Memos. Immer wenn der Forscher in der Erhebungsphase, während der Feldarbeit auf zentrale Aspekte stößt, heißt die Handlungsanweisung: »stop and memo!« (Glaser 1978). Solche Memos können zur Klärung neuer Aspekte, zur Konkretisierung solcher Aspekte am einzelnen Fall oder zur Differenzierung von anderen Aspekten dienen (vgl. dazu auch Miles/Hubermann 1984, S. 69ff.). Sie können zur Bildung von Auswertungskategorien (Kodes) führen, mit denen Material durchgearbeitet werden kann. Wichtig bei diesen Merkzetteln ist aber in jedem Fall, dass – am besten in einer eigenen Spalte – die konkreten Kontextbedingungen der zu Grunde liegenden Beobachtungen festgehalten werden. Bei der Verallgemeinerung und Verknüpfung der Konzepte bietet das eine wichtige Entscheidungshilfe. Ist ein Memo zu einem bestimmten Aspekt angelegt worden, so trachtet der Forscher danach, es durch zusätzliche Analysen und Beobachtungen auszuarbeiten und zu vervollständigen. Hiervon geht also wieder ein Impuls an die Datenerhebung aus. Im nächsten Schritt wird dann versucht, die Konzepte durch einen Vergleich der Kodes und Memos miteinander zu verknüpfen. Auch das kann wiederum Einfluss auf die weitere Datenerhebung haben. Diese Kreisprozesse führen dann zur endgültigen Fassung der theoretischen Konzepte, zur gegenstandsbezogenen Theorie (Abb. 18).

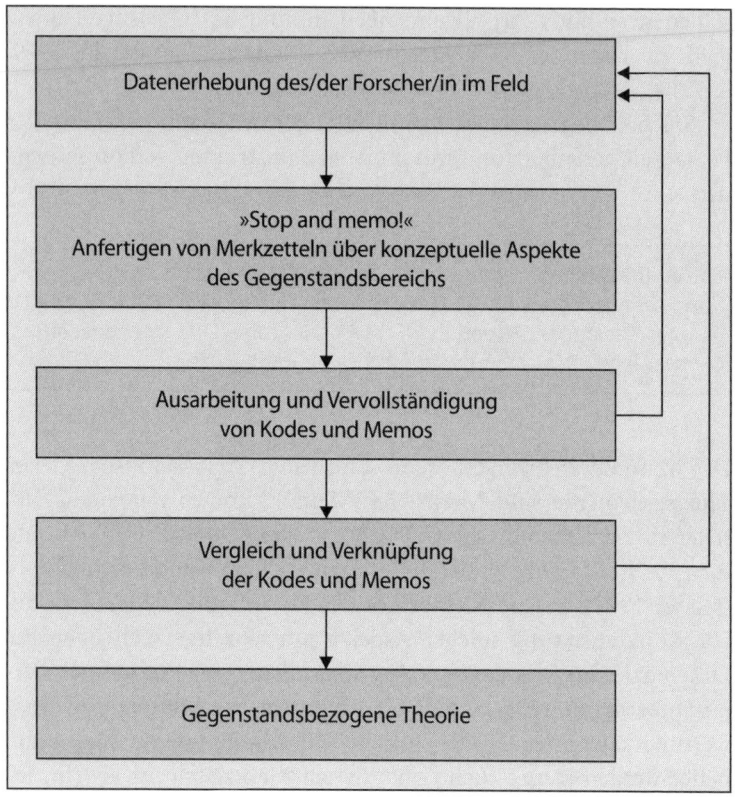

Abb. 18: **Ablaufmodell gegenstandsbezogener Theoriebildung**

Das klassische Anwendungsgebiet der »grounded theory« ist die Feldforschung, in die der Forscher, meist durch teilnehmende Beobachtung, selbst involviert ist. Bei Feldforschung besteht in der Regel ein längerfristiger Kontakt mit dem Gegenstandsbereich. Hier ist das für diese Methode so wichtige »stop and memo« gut möglich, hier kann die weitere Datensammlung von den Memo-Ergebnissen gesteuert werden. In Interviewstudien ist ein solches Verfahren weniger sinnvoll. Darüber hinaus empfiehlt sich die gegenstandsbezogene Theoriebildung vor allem dann, wenn der Gegenstandsbereich noch neu und unerforscht ist. In jedem Fall aber stellen die Grundgedanken dieses Vorgehens eine wichtige Bereicherung qualitativer Analyse dar, wie einige neuere Arbeiten (z.B. Hildenbrand et al. 1984) sehr schön zeigen können.

> **Anwendungsgebiete:** Gegenstandsbezogene Theoriebildung lässt sich besonders gut durchführen bei einer mit teilnehmender Beobachtung arbeitenden Feldforschung. Sie eignet sich darüber hinaus bei eher explorativen Untersuchungen.

12) Phänomenologische Analyse

Auch bei der Phänomenologie gehen die Wurzeln weit zurück. Edmund Husserl (1859–1938) hat sie als philosophische Methode begründet; Scheler, Heidegger, Merleau-Ponty, Schütz, Sartre haben sie mit z. T. sehr unterschiedlichen Akzenten weiterentwickelt und so hat sie Eingang in die einzelnen sozialwissenschaftlichen Disziplinen gefunden (z.B. Jaspers 1912). Gerade in den letzten Jahren kann man ein Aufblühen phänomenologischen Vorgehens innerhalb der Psychologie (Giorgi 1970, 1975, 1985; Graumann/Métraux 1977; Kockelmans 1987) und der Pädagogik (Hellemans/Smeyers 1987) feststellen, das von der »qualitativen Wende« inspiriert ist. Phänomenologie – man könnte es übersetzen als die Lehre von den konkreten Erscheinungen (statt Ideen wie bei Platon) – kämpft dabei immer gegen das Vorurteil an, ihr gehe es nur um deskriptive, oberflächliche Phänomenanalyse. Richtig daran ist, dass die sorgfältige, ausführliche Deskription der Forschungsgegenstände hier sehr wichtig genommen wird.

Ein Grundgedanke dabei ist, dass an der Perspektive der einzelnen Menschen angesetzt werden soll, an ihren subjektiven Bedeutungsstrukturen, ihren Intentionen. Denn die Phänomene der Humanwissenschaften sind immer intentionale Gegenstände, menschliches Bewusstsein ist auf sie gerichtet. Das Ziel der Analyse ist aber, zum tiefsten Kern, zum Wesen der Dinge vorzustoßen, also nicht an der Oberfläche der Erscheinungen stehen zu bleiben. Eidetische Reduktion, also Zurückführung auf das Wesen, wird dieser Analyseschritt genannt. Der Kerngedanke ist dabei, ähnlich wie wir es im qualitativen Experiment (Kap. 3.5) kennen gelernt haben, die Variation. Ein vorgegebenes Phänomen wird in unterschiedlichen Kontexten verglichen, oder die Kontexte werden gedankenexperimentell variiert. Was dabei invariant bleibt, gibt Hinweise auf das Wesen des Phänomens. »Die schöpferische, *aktive* Reflexionsleistung liegt in der Wesensschau darin, dass zum einen die mannigfaltigen Variationen erzeugt und diese zum anderen einheitlich verknüpft werden und das schließlich das Kongruierende gegenüber den Differenzen als Wesen identifiziert wird.« (Danner 1979, S. 126) Wir haben damit die beiden Grundgedanken phänomenologischer Analyse angesprochen.

Grundgedanken: Phänomenologische Analyse lässt sich durch zwei Kernpunkte charakterisieren:
- Die Deskription der Phänomene aus der Sicht des Subjekts und seinen Intentionen ist der Ausgangspunkt.
- Eine Reduktion auf ihren Wesenskern wird durch Variation der Phänomene versucht.

Um nun das Vorgehen phänomenologischer Analyse näher zu kennzeichnen, ist es wichtig, noch einmal auf deren Ausgangspunkt hinzuweisen. Nicht eine breite Beschreibung bestimmter Gegenstandsfelder ist intendiert, sondern eine gezielte Analyse einzelner Phänomene. Diese Phänomene zu definieren stellt also einen ersten Schritt dar. Darauf wird sich dann die Materialsammlung beziehen. Für das weitere Vorgehen hat nun A. Giorgi (1985) eine wichtige Differenzierung vorgenommen. Er empfiehlt vier Schritte. Erst muss der Analytiker einen Durchgang durch das gesamte Material vollziehen, um den generellen Sinn des Ganzen aufzuschließen. Dieser allgemeine Eindruck vom gesamten Material ist sehr wichtig für die weiteren Schritte, denn das Vorgehen ist weniger formalisiert, muss also im Einzelfall immer inhaltlich begründet werden.

In einem zweiten Materialdurchgang wird dann versucht, im Hinblick auf das zu untersuchende Phänomen Bedeutungseinheiten zu bilden. Wo wird der Gegenstand angesprochen, wo sind wichtige Aussagen zu finden? Diese Sequenzierung ermöglicht es dann als dritten Schritt, die Bedeutungseinheiten nacheinander auf das Phänomen hin zu interpretieren. Im vierten Schritt dann werden diese interpretierten Bedeutungseinheiten verglichen, verknüpft und zu einer generellen Phänomeninterpretation synthetisiert. Als Arbeitsprinzip für die beiden letzten Schritte kann die Technik der Variation und Reduktion auf den Kern gelten, die oben besprochen wurde. Wir sind damit zu folgendem Ablaufmodell gelangt (Abb. 19, S. 110).

Phänomenologische Analysen sind in ihren bisherigen Anwendungsfeldern sehr weit gestreut. So lässt sich hier nur schwer eine genauere Eingrenzung vornehmen. Drei Funktionen der Phänomenologischen Orientierung in der gegenwärtigen Forschungslandschaft haben C. F. Graumann und A. Métraux (1977) herausgearbeitet:

- eine kritische Funktion, indem vorherrschende Richtungen in einzelnen inhaltlichen Gebieten und im methodologischen Grundkonzept in Frage gestellt werden;
- eine heuristische Funktion, indem neue Sichtweisen, Aspekte, Alternativen vorgeschlagen und in die Forschungspraxis umgesetzt werden;
- eine deskriptive Funktion, indem eine breitere Einsicht in wichtige Gegenstandsbereiche aus der Perspektive der betroffenen Subjekte entfaltet wird.

13) Sozialwissenschaftlich-hermeneutische Paraphrase

Auch diese Technik hat eine lange Geschichte, insofern sie sich auf die Hermeneutik beruft. In der hier vorgestellten Form aber wurde sie Ende der 70er-Jahre an der Fernuniversität Hagen entwickelt (Heinze/Klusemann 1979, 1980; Heinze 1987) und zur Interpretation von vorwiegend narrativen Interviews eingesetzt, um Lebens-

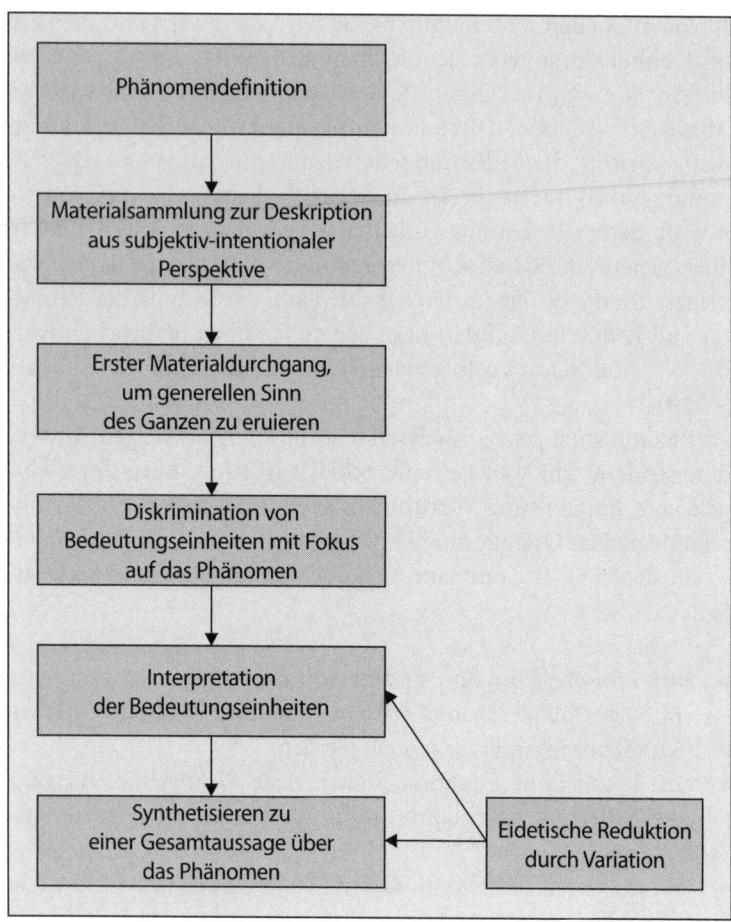

Abb. 19: **Ablaufmodell phänomenologischer Analyse**

welt, Studienmotivation und Lernsituation von Fernstudenten zu erforschen. Hier ist zunächst eine Begriffsklärung nötig. Sozialwissenschaft meint, dass das Hauptinteresse der Analyse auf der Lebenswelt der Subjekte in ihrer sozialen Eingebundenheit liegt und weniger an eine theologische, philosophische, juristische oder geschichtswissenschaftliche Hermeneutik gedacht ist. Wenn das Verfahren als hermeneutisch bezeichnet wird, so soll das die entscheidende Rolle des Vorverständnisses des (der) Interpreten im Prozess der Deutung herausstreichen. Verstehen soll sich im hermeneutischen Zirkel (vgl. Kap. 2.2) vollziehen, d.h. die Alltagstheorien, wissenschaftlichen Theorien und subjektiv-biografischen Erfahrungen der Forscher sollen an das Material herangetragen und im Prozess der Interpretation schrittweise verändert werden. Das Endprodukt ist dann eine Deutung des Materials, durch die die subjektiven Perspektiven der Interviewten nachvollzogen, expliziert werden sollen. Dies bezeichnen die Autoren dann als Paraphrase, als eine Formulierung, die an Stelle des ursprünglichen Materials gestellt werden kann. Sie sollen damit auch andeuten, dass die Analyse von hier aus noch weiter fortschreiten kann, wenn beispielsweise diese Paraphrasen mit allgemeineren Sinnstrukturen verglichen werden. Durch diese Charakterisierung sind auch die Grundgedanken des Vorgehens deutlich geworden.

> **Grundgedanken:** Sozialwissenschaftlich-hermeneutische Paraphrase ist eine Technik, die durch hermeneutisches Vorgehen, also der schrittweisen Modifizierung des Vorverständnisses des (der) Interpreten eine Deutung der subjektiven Perspektive ihrer Subjekte erarbeiten will.

Ein wesentlicher Punkt in diesem eher deskriptiv-hermeneutischen Vorgehen ist dabei, dass mit mehreren Interpreten gearbeitet wird, um so zu besseren Deutungen zu gelangen. Heinze und Mitarbeiter haben drei grundsätzliche Schritte beschrieben. Auf der Grundlage eines ersten Lesens des gesamten Materials werden von den Interpreten erste Deutungen und Interpretationen vorgelegt und gegenseitig begründet. Die Interpreten berücksichtigen dabei ihr spezifisches Vorverständnis und das Kontextwissen des gesamten Materials. Wenn diese ersten Deutungen nicht plausibel sind, fragen die Interpreten gegenseitig nach (»Wie meinst du das?«; »Das habe ich anders verstanden«; »Kannst du das mal erläutern?«). Diese Interpretationsgespräche werden ebenfalls auf Tonband aufgezeichnet und transkribiert. Den zweiten grundsätzlichen Schritt nennen die Autoren »Metakommunikative Rekonstruktionsphase«. Hier geht es um eine kritische Betrachtung und Überarbeitung der ersten Deutungen. Es soll eine Systematisierung und Gewichtung der Alltagstheorien und Situationsdefinitionen der Subjekte erreicht werden. Auch hier findet das Vorverständnis der Interpreten Eingang in die Interpretation und wird von der Interpretation modifiziert. Im dritten Hauptabschnitt schließlich sollen auf dem bisherigen erarbeiteten Hintergrund die eigentlichen Kernaussagen identifiziert werden. Was ist die Quintessenz des Materials? Wie lässt sich auf dem Hintergrund der Interpretationen die Perspektive des Subjekts paraphrasieren, interpretierend nachvollziehen? Eine weitere Besonderheit des Vorgehens ist, dass anschließend die betroffenen Subjekte befragt werden, ob sie mit den interpretierenden Paraphrasen einverstanden sind, ob sie sich richtig verstanden fühlen. In der Kommunikation mit den Betroffenen soll also die Gültigkeit der Interpretation überprüft werden (Kommunikative Validierung, vgl. auch Kap. 5). Wir kommen also zu folgendem Ablaufplan:

Dieses Vorgehen ist zugeschnitten für die Analyse verschrifteten Materials. Vor allem offene, wenig strukturierte Interviews bieten sich für sozialwissenschaftlich-hermeneutische Paraphrasen an. Der Einsatz von mehreren Interpreten und die Phase der kommunikativen Validierung sichern ein sehr genaues, abgesichertes Verständnis des Materials, wenn es auch aufwändig ist. Es wurde bereits darauf hingewiesen, dass die Paraphrasen Ausgangspunkt für weitere Analyse sein können. »Noch unberücksichtigt sind in dieser Interpretation die Analyse der Interaktionssequenzen zwischen Interviewer und Interviewten sowie die Notwendigkeit, die Ebenen der einzelnen Strukturen systematisch aufzuarbeiten bis hin zu dem Versuch, objektive Sinnstrukturen in subjektiven Wirklichkeitsentwürfen zu identifizieren.« (Heinze/Klusemann 1979, S. 199) Auch auf ähnliche Verfahren, wie die Analyse subjektiver Strukturierungen (Heinze 1987), die Deutungsmusteranalyse (Arnold 1983; Wiedemann 1985) und die induktive Diagnostik (Jüttemann 1985) sei hier verwiesen.

> **Anwendungsgebiet:** Sozialwissenschaftlich-hermeneutische Paraphrasen eignen sich für sehr detaillierte und abgesicherte Interpretationen von Textmaterial, vor allem offenem, wenig strukturiertem Interviewmaterial. Sie können Ausgangspunkt für weitere Analysen sein.

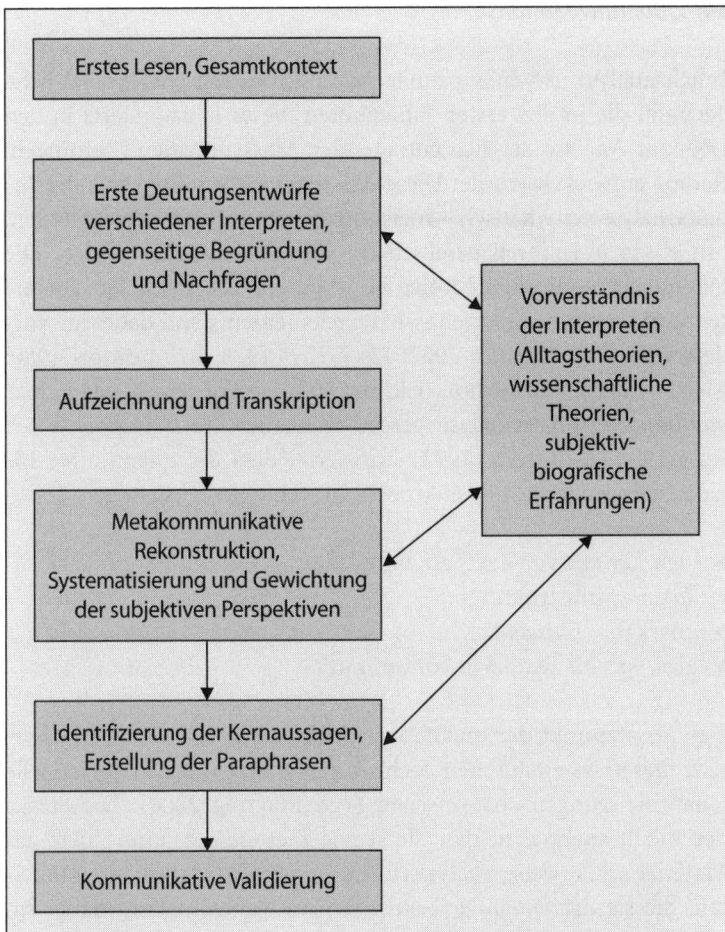

Abb. 20: **Ablaufmodell der sozialwissenschaftlich-hermeneutischne Paraphrase**

Wer sich das Verfahren am Beispiel auch im Vergleich mit anderen qualitativen Auswertungstechniken (auf dasselbe Material bezogen!) veranschaulichen möchte, sei auf den ausgezeichneten Sammelband von Heinze et al. (1980) hingewiesen.

14) Qualitative Inhaltsanalyse

Inhaltsanalyse ist eine primär kommunikationswissenschaftliche Technik, die in den ersten Jahrzehnten dieses Jahrhunderts in den USA zur Analyse der sich entfaltenden Massenmedien (Zeitungen, Radio) entwickelt wurde. Diese Massenmedien sollten mit der Inhaltsanalyse systematisch – meist quantitativ – ausgewertet werden, um etwas über ihren gesellschaftlichen Einfluss zu erfahren. Die Häufigkeit bestimmter Motive im Material, das Auszählen, Bewerten und Inbeziehungsetzen von Textelementen stand dabei im Vordergrund (vgl. Berelson 1952; Lisch/Kriz 1978; Krippendorf 1980; Merten 1983). Aber schon bald hat sich die Forderung nach einer *qualitativen* Inhaltsanalyse geregt (Kracauer 1952; George 1959; Rust 1980). J. Ritsert (1972) kritisierte, dass die quantitative Inhaltsanalyse vor allem vier Aspekte zu wenig berücksichtige:

- den *Kontext* von Textbestandteilen;
- *latente* Sinnstrukturen;
- markante *Einzelfälle*;
- das, was im Text *nicht* vorkommt.

Der Ansatzpunkt der qualitativen Inhaltsanalyse ist nun, die Vorteile dieser systematischen Technik zu nutzen, ohne in vorschnelle Quantifizierungen abzurutschen (vgl. Mayring 2000). Die Stärke der Inhaltsanalyse ist, dass sie streng methodisch kontrolliert das Material schrittweise analysiert. Sie zerlegt ihr Material in Einheiten, die sie nacheinander bearbeitet. Im Zentrum steht dabei ein theoriegeleitet am Material entwickeltes Kategoriensystem; durch dieses Kategoriensystem werden diejenigen Aspekte festgelegt, die aus dem Material herausgefiltert werden sollen. Durch diese Systematik unterscheidet sich die Inhaltsanalyse von der stärker interpretativen, hermeneutischen Bearbeitung von Textmaterial.

> **Grundgedanken:** Qualitative Inhaltsanalyse will Texte systematisch analysieren, indem sie das Material schrittweise mit theoriegeleitet am Material entwickelten Kategoriensystemen bearbeitet.

Es sind dabei drei Grundformen qualitativer Inhaltsanalyse vorgeschlagen worden (Mayring 2000), von denen wir eine schon kennen gelernt haben:

- *Zusammenfassung:* Ziel der Analyse ist es, das Material so zu reduzieren, dass die wesentlichen Inhalte erhalten bleiben, durch Abstraktion ein überschaubares Korpus zu schaffen, das immer noch ein Abbild des Grundmaterials ist (vgl. Verfahren 8).
- *Explikation:* Ziel der Analyse ist es, zu einzelnen fraglichen Textteilen (Begriffen, Sätzen …) zusätzliches Material heranzutragen, das das Verständnis erweitert, das die Textstelle erläutert, erklärt, ausdeutet.
- *Strukturierung:* Ziel der Analyse ist es, bestimmte Aspekte aus dem Material herauszufiltern, unter vorher festgelegten Ordnungskriterien einen Querschnitt durch das Material zu legen oder das Material auf Grund bestimmter Kriterien einzuschätzen.

Die Technik inhaltsanalytischer *Zusammenfassung* lässt sich weiter nutzen für eine induktive Kategorienbildung. Die Kategorienbildung ist ein bei Quantitativer Inhaltsanalyse völlig vernachlässigter Bereich (vgl. Krippendorff, 1980). In qualitativ orientierter Forschung wird aber auf eine systematische Ableitung von Auswertungsgesichtspunkten aus dem Material, also eine induktive Kategorienbildung, großer Wert gelegt. Dies ist auch ein zentraler Prozess innerhalb der Gegenstandsbezogenen Theoriebildung (grounded theory, vgl. Kap. 4.3.11), wo von »offenem Kodieren« die Rede ist. Dort wurde eine Reihe von Faustregeln für offenes Kodieren entwickelt und dabei ein schrittweises, zeilenweises Vorgehen empfohlen. Innerhalb der Inhaltsanalyse ist die Kategorienentwicklung nun systematischer angelegt; sie kann dabei dieselbe Logik, dieselben reduktiven Prozesse benutzen, die bei zusammenfassender qualitativer Inhaltsanalyse verwendet werden. Das folgende Prozessmodell fasst den Analyseablauf zusammen (Abb. 21, S. 116).

Innerhalb der Logik der Inhaltsanalyse müssen die Kategorisierungsdimension und das Abstraktionsniveau vorab definiert werden. Es muss ein Selektionskriterium für die Kategorienbildung festgelegt werden. Dies ist ein deduktives Element und muss mit theoretischen Erwägungen über Gegenstand und Ziel der Analyse begründet werden. Mit dieser Definition im Hinterkopf wird das Material Zeile für Zeile durchgearbeitet.

Wenn das erste Mal eine zur Kategoriendefinition passende Textstelle gefunden wird, wird dafür eine Kategorie konstruiert. Ein Begriff oder Satz, der möglichst nahe am Material formuliert ist,

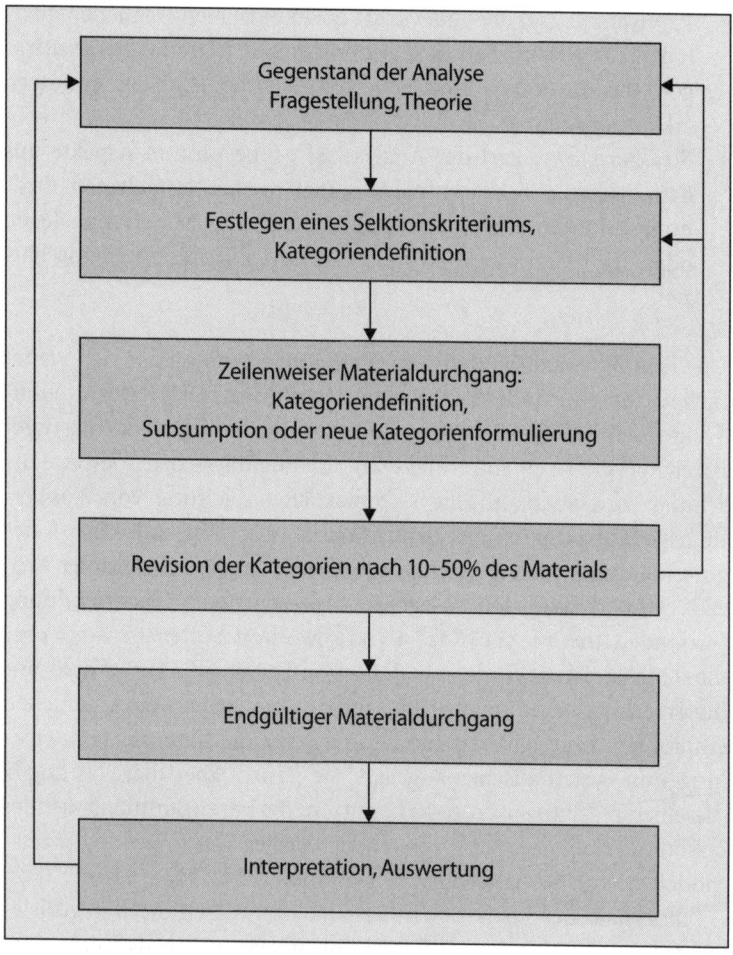

Abb. 21: **Ablaufmodell induktiver Kategorienbildung**

dient als Kategorienbezeichnung. Wird im weiteren Analyseverlauf wieder eine dazu passende Textstelle gefunden, so wird sie dieser Kategorie ebenfalls zugeordnet (Subsumption). Wenn die neue Textstelle die allgemeine Kategoriendefinition erfüllt, aber zu der (den) bereits induktiv gebildete(n) Kategorie(n) nicht passt, so wird eine neue Kategorie induktiv, aus dem spezifischen Material heraus, formuliert.

Nach einem Teil des Materialdurchgangs (etwa 10 bis 50%), wenn so gut wie keine neuen Kategorien mehr gebildet werden können, wird das gesammelte Kategoriensystem überarbeitet. Es muss geprüft werden, ob die Logik klar ist (keine Überlappungen) und der Abstraktionsgrad zu Gegenstand und Fragestellung passt. Falls dadurch Veränderungen des Kategoriensystems vorgenommen werden mussten, wird das Material nochmals von Anfang an bearbeitet.

Das Ergebnis dieser Analyse ist ein Set von Kategorien zu einer bestimmten Thematik, dem spezifische Textstellen zugeordnet sind. Die weitere Auswertung kann nun in verschiedene Richtungen gehen:

- Das gesamte Kategoriensystem kann in Bezug auf die Fragestellung und dahinter liegende Theorie interpretiert werden.
- Die Zuordnungen von Textstellen zu Kategorien können quantitativ ausgewertet werden. Es kann z.B. geprüft werden, welche Kategorien am häufigsten kodiert wurden.

In diesem letzten Punkt wird wieder deutlich, wie wenig qualitative und quantitative Analyseschritte als Gegensätze verstanden werden können, wie eng sie miteinander verbunden werden können, oft sogar müssen.

Der Grundgedanke der *Explikation* ist nun, dass vorher genau definiert wird, wo nach zusätzlichem Material gesucht wird, um die fragliche Textstelle zu explizieren. Die Suche nach Explikationsmaterial soll also systematisiert werden. Dabei kann man zwei Quellen unterscheiden (vgl. Mayring 1995):

- der enge Textkontext als die direkten Bezüge im Text, also das direkte Textumfeld der interpretationsbedürftigen Stelle; solche Texte können definierend/erklärend, ausschmückend/beschreibend, beispielgebend/Einzelheiten aufführend, korrigierend/modifizierend oder auch antithetisch/das Gegenteil beschreibend zur fraglichen Textstelle stehen;
- der weitere Textkontext als die über den Text hinausgehenden Informationen über Textverfasser, Adressaten, Interpreten, kulturelles Umfeld; auch nonverbales Material und Informationen über die Entstehungssituation können hier eingehen.

Die Explikation als inhaltsanalytische Technik ist damit im eigentlichen Sinn eine Kontextanalyse. Wichtig für systematisches Vorgehen ist nun, aus dem Kontextmaterial eine erklärende Paraphrase zu bilden (bei großen Materialmengen mit Hilfe einer Zusammenfassung) und diese Paraphrase statt der fraglichen Stelle in den Text einzufügen. Nun ist zu prüfen, ob die Explikation ausreicht. Im negativen Fall muss neues Explikationsmaterial bestimmt und ein neuer Durchlauf der Kontextanalyse vollzogen werden. Daraus ergibt sich das folgende Ablaufmodell (Abb. 22).

Ziel der *strukturierenden* qualitativen Inhaltsanalyse ist es, eine bestimmte Struktur aus dem Material herauszufiltern. Das können formale Aspekte, inhaltliche Aspekte oder bestimmte Typen sein; es kann aber auch eine Skalierung, eine Einschätzung auf bestimmten Dimensionen angestrebt werden (vgl. ausführlich Mayring 2000). Das Herzstück dieser Technik ist nun, dass das aus den Strukturierungsdimensionen zusammengestellte Kategoriensystem so genau definiert wird, dass eine eindeutige Zuordnung von Textmaterial zu den Kategorien immer möglich ist. Dabei hat sich ein Verfahren bewährt (vgl. auch Ulich et al. 1985), das in drei Schritten vorgeht:

1. Definition der Kategorien: Es wird explizit definiert, welche Textbestandteile unter eine Kategorie fallen sollen.
2. Ankerbeispiele: Es werden konkrete Textstellen angeführt, die unter eine Kategorie fallen und als Beispiele für diese Kategorie gelten sollen. Diese Ankerbeispiele haben prototypische Funktion für die Kategorie (vgl. Eckes/Six 1983).

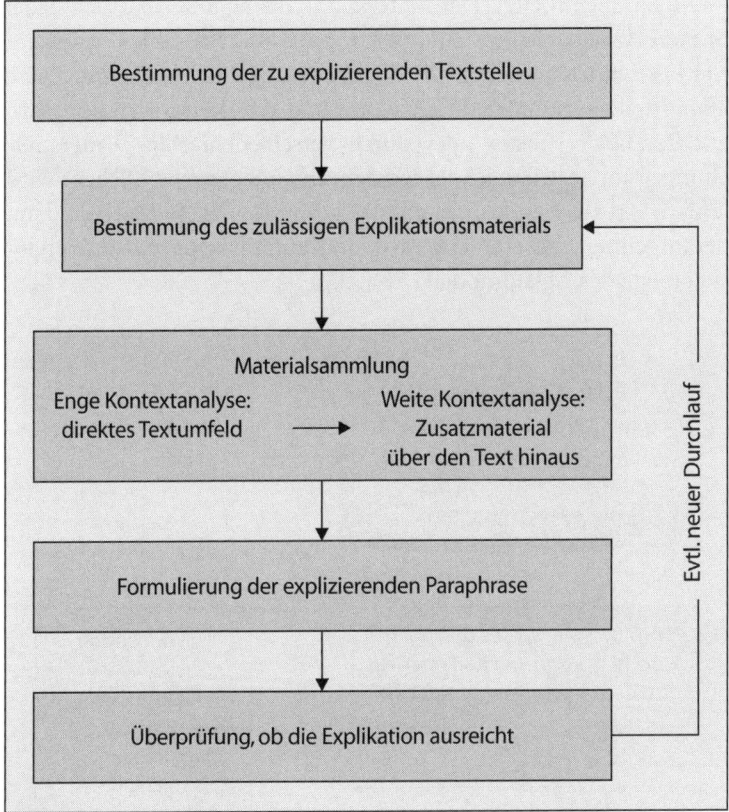

Abb. 22: **Ablaufmodell explizierender qualitativer Inhaltsanalyse**

3. Kodierregeln: Es werden dort, wo Abgrenzungsprobleme zwischen Kategorien bestehen, Regeln formuliert, um eindeutige Zuordnungen zu ermöglichen.

Diese Bestimmungen werden in einem Kodierleitfaden gesammelt, der als Handanweisung für den (die) Auswerter dient. Im Laufe der Analyse können weitere Ankerbeispiele darin aufgenommen und bei strittigen Kodierungen neue Kodierungen formuliert werden.

In einem ersten, zumindest ausschnittsweisen Materialdurchgang werden die Kategorien und der Kodierleitfaden erprobt und eventuell überarbeitet. Der Materialdurchgang unterteilt sich dabei in zwei Arbeitsschritte. Zunächst werden die Textstellen im Material bezeichnet, in denen die Kategorie angesprochen wird. Diese »Fundstellen« können durch Notierung der Kategoriennummern am Rande des Textes oder durch verschiedenfarbige Unterstreichungen im Text bezeichnet werden. In einem zweiten Schritt wird je nach Art der Strukturierung das gekennzeichnete Material dann herausgefiltert, zusammengefasst und aufgearbeitet. Daraus ergibt sich folgendes Ablaufmodell (Abb. 23).

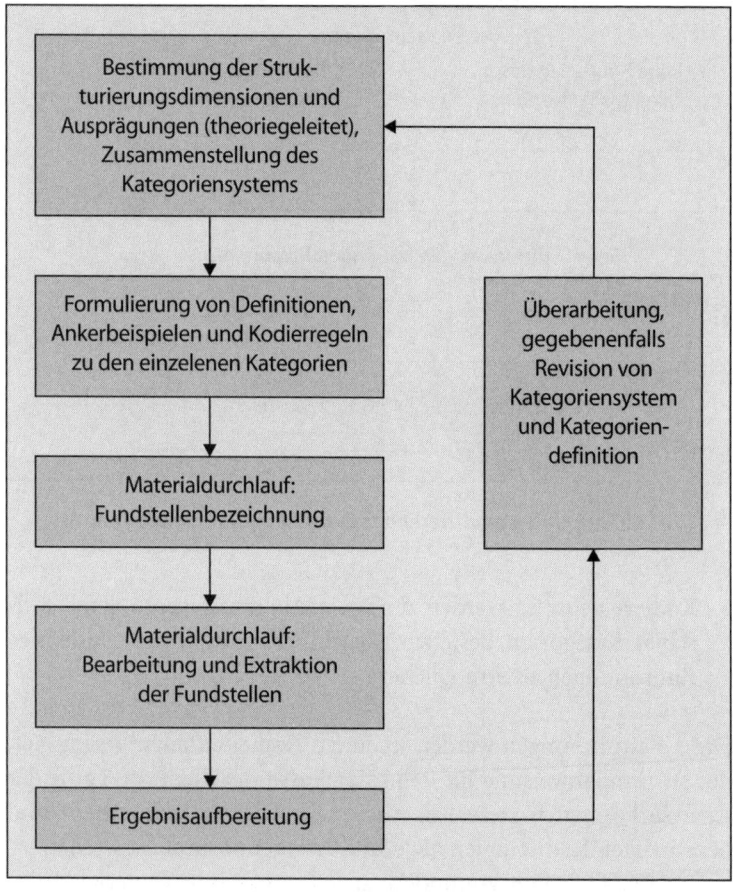

Abb. 23: **Ablaufmodell strukturierender qualitativer Inhaltsanalyse**

Die Techniken der qualitativen Inhaltsanalyse, das ist hier deutlich geworden, empfehlen sich vor allem dann, wenn es um eine mehr theoriegeleitete Textanalyse geht. Für eine explorativ-interpretative Erschließung des Materials eignen sie sich weniger. Dafür kann man auch große Materialmengen bearbeiten. So sind im Projekt »Psychosoziale Folgen von Arbeitslosigkeit bei Lehrern« (Ulich et al. 1985) rund 20000 Seiten transkribierter Interviewprotokolle mit der strukturierenden qualitativen Inhaltsanalyse bearbeitet worden.

> **Anwendungsgebiet:** Qualitative Inhaltsanalyse eignet sich für systematische, theoriegeleitete Bearbeitung von Textmaterial. Dabei sind auch große Mengen zu bewältigen.

Beispiel: In der Lehrerarbeitslosigkeitsuntersuchung (Ulich et al. 1985) wurde vorwiegend mit strukturierender Inhaltsanalyse gearbeitet. Zentral war dabei die Frage, in welchen Lebensbereichen subjektive Belastungen auftreten und wie stark diese sind. Hier hier ein Ausschnitt aus dem Kodierleitfaden zur Variablen »Grad der Belastung im beruflichen Bereich« (vgl. Abb. 24, S. 122).

15) Objektive Hermeneutik

Die Objektive Hermeneutik ist eine qualitative Forschungskonzeption, die von U. Oevermann und Mitarbeitern im Rahmen der Soziologie (genauer: Sozialisationsforschung) in den letzten Jahren entwickelt wurde (Oevermann et al. 1979, 1980; Schneider 1985). Sie hat das Ziel, hinter den einzelnen subjektiven Bedeutungsstrukturen, die das Material (z.B. Interviews) liefert, allgemeine, objektive Strukturen zu erschließen. Das Programm ist hochgesteckt, versteht sich als ein dritter, strukturalistischer Weg zwischen der reduktionistisch-naturwissenschaftlichen und der idealistisch-verstehenden geisteswissenschaftlichen Position. In unserem Zusammenhang – der Zusammenstellung methodisch kontrollierter qualitativer Analysetechniken – sind wir nun mehr an der konkreten Vorgehensweise interessiert.

Var-label	Code + Ausprägung	Definition	Ankerbeispiele	Kodierregeln
BLSBE 47	1 keine Belastung	*Beruflicher Bereich: Grad der Belastung* Lebenssituation wird nicht als Bedrohung, Herausforderung, Schaden oder Verlust eingeschätzt	(s. o.: BLSBE 46 = entlastend, irrelevant)	folgt aus Belastungseinschätzung – entlastend – irrelevant (BLSBE 46)
	2 schwache Belastung	Nur einzelne Faktoren der Lebenssituation im beruflichen Bereich wrden als belastend eingeschätzt, bzw. die Lebenssituation insgesamt im beruflichen Bereich wird als schwach belastend eingeschätzt, d.h. die Belastung wird als bewältigbar angesehen	»Daß ich jetzt keine Arbeit hab ist grundsätzlich gar nicht so schlimm, nur daß ich mich zu nichts aufraffen kann, nervt mich mit der Zeit« »Ein gewisser Knick in meiner Berufslaufbahn ist das jetzt schon und das ärgert mich, aber das bleibt kein Dauerzustand«	Kriterium der Bewältigbarkeit als Hauptunterscheidungsmerkmal schwach stark: vgl. auch das Material aus den Fragen zur Bewältigung
	3 starke Belastung	Einzelne Faktoren der beruflichen Situation werden so belastend eingeschätzt, daß sie die gesamte Lebenssituation beeinträchtigen, bzw. die berufliche Situation insgesamt wird als stark belastend eingeschätzt, d.h. es erscheint dem einzelnen unklar, ob er die Belastung bewältigen könne	»Alles ist von dieser Arbeitslosigkeit überschattet, nicht mal mit den besten Freunden kann ich das vergessen« »Ich hab mich überall beworben, ich weiß jetzt wirklich nicht mehr, wie es weitergehen soll«	

*Abb. 24: **Ausschnitt aus dem Kodierleitfaden (Grad der Belastung im beruflichen Bereich) des Projekts »Lehrerarbeitslosigkeit«** (Mayring 1995)*

Dabei muss zunächst das Ziel der Analyse näher bestimmt werden. Es werden hier zwei Ebenen unterschieden: einmal die subjektiven Bedeutungen der handelnden Subjekte, wie sie im zu analysierenden Material erkenntlich sind; sie herauszufiltern ist ein Ziel vieler neuerer qualitativer Techniken. Es kann aber auch von Interesse sein, dahinter liegende objektive Bedeutungsstrukturen zu erkennen. Unbewusste Bedeutungen, wie sie in der Psychoanalyse interpretiert werden, aber auch Strukturgesetze der kognitiven Entwicklung (Piaget) oder der Dynamik moderner gesellschaftlicher Prozesse (Marx) sind Beispiele subjektiver Bedeutungsstrukturen. Sie können zwar mit subjektiven Bedeutungen identisch sein, sie können also vom Einzelnen erkannt werden. In der Regel aber weichen sie von diesen ab und müssen erst aus dem Material erschlossen werden. Oevermann hat nun sehr genau beschrieben, wie dabei vorzugehen ist und hat einige Beispielanalysen vorgelegt (z.B. Oevermann et al. 1979, 1980). Der Kernpunkt seines schrittweisen Vorgehens ist dabei der Einbau von Gedankenexperimenten. Der Interpret nimmt sich eine Textstelle vor, die eine Handlung aus der Sicht des Subjektes beschreibt, und entwirft möglichst alle nur denkbaren Bedeutungen der Handlung, unabhängig vom konkreten Fall. Aus diesen gedankenexperimentellen Konstruktionen lassen sich Gemeinsamkeiten herausfiltern, die allgemeine Struktureigenschaften der Handlung darstellen. Erst jetzt wird wieder auf den konkreten Fall eingegangen und geklärt, welche spezifische Bedeutung hier zutrifft. Aus dem Verhältnis möglicher und tatsächlicher Bedeutungen schält sich während der Analyse sukzessive die objektive Sinnstruktur des Falles heraus. Der Interpret nimmt sich also schrittweise Textstellen vor und fragt dann: Was könnte das bedeuten? Daraus erschließt er/sie den Kontext der in der Textstelle angesprochenen Handlung. Dann vergleicht er/sie dies mit der jeweils spezifischen Bedeutung. Aus diesem Vergleich hofft man, auf objektivere Strukturen des einzelnen Falles und dann durch Fallvergleiche auf allgemeinere objektive Strukturen zu schließen.

> **Grundgedanken:** Die Objektive Hermeneutik will die hinter den subjektiven Bedeutungen stehenden objektiven Sinnstrukturen erschließen. Dazu werden mögliche und tatsächliche Bedeutungsgehalte des Materials schrittweise systematisch verglichen.

Das konkrete Vorgehen ist sehr detailliert ausgearbeitet worden (Oevermann et al. 1979; Burkart 1983; Schneider 1985) und kann hier nur in den Grundzügen dargestellt werden. Die Analyse beginnt mit der Bestimmung der Fragestellung. Es muss festgelegt werden, worauf die Analyse des Materials abzielt: die Persönlichkeitsstruktur eines Interviewten, die Interaktionsstruktur mit dem Interviewer, die Struktur der Organisation, über die der Interviewte berichtet. Daran schließt sich die Grobanalyse an. Es wird erst einmal analysiert, was das Handlungsproblem der Situation ist, aus dem das Material stammt, also die situativen Bedingungen der Materialentwicklung. Denn es sind ganz unterschiedliche Rahmenbedingungen, wenn es sich um eine Therapie-Patient-Interaktion, ein Interview oder eine Gruppendiskussion handelt. Diese Rahmenbedingungen bilden eine Grobstruktur, die der Bezugspunkt der folgenden Analyse ist, dabei aber auch ständig überprüft wird und modifiziert werden kann. Der nächste wesentliche Schritt und zugleich das Kernstück der Analyse ist nun die sequenzielle Feinanalyse. Sequenziell bedeutet dabei, dass das Material in einzelne Interakte, also aufeinander bezogene Handlungen, zerlegt wird, die nacheinander analysiert werden. Hier findet nun das schon angesprochene gedankenexperimentelle Vorgehen statt. Für den ersten Interakt werden alle möglichen Handlungskontexte gedankenexperimentell entworfen, in die die konkrete Handlung passen könnte. Daraus werden allgemeine Struktureigenschaften des Kontextes gefolgert und dann mit den konkreten Kontextbedingungen verglichen. Schließlich werden aus dem ersten Interakt die möglichen Konsequenzen für den zweiten Interakt erwogen. Man fragt sich also wieder (gedankenexperimentell), wie es jetzt im Protokoll grundsätzlich weitergehen könnte, bevor man dies mit dem tatsächlichen weiteren Verlauf vergleicht. Der letzte Schritt in der Objektiven Hermeneutik ist nun der Versuch von Strukturgeneralisierungen. Es werden verschiedene Fälle, die sich auf die zu Beginn festgelegte Fragestellungen beziehen, miteinander verglichen. Denn eine einzelne Analyse lässt höchstens Strukturhypothesen zu. Sie müssen durch Heranziehen weiteren Materials abgesichert werden. Daraus ergibt sich nun folgendes Ablaufmodell (Abb. 25).

Dieses Verfahren ist natürlich sehr aufwändig. In aller Konsequenz angewandt, so schildert Oevermann (1979, S. 393), braucht man für die Analyse von einer Seite Protokoll eine Gruppe von fünf

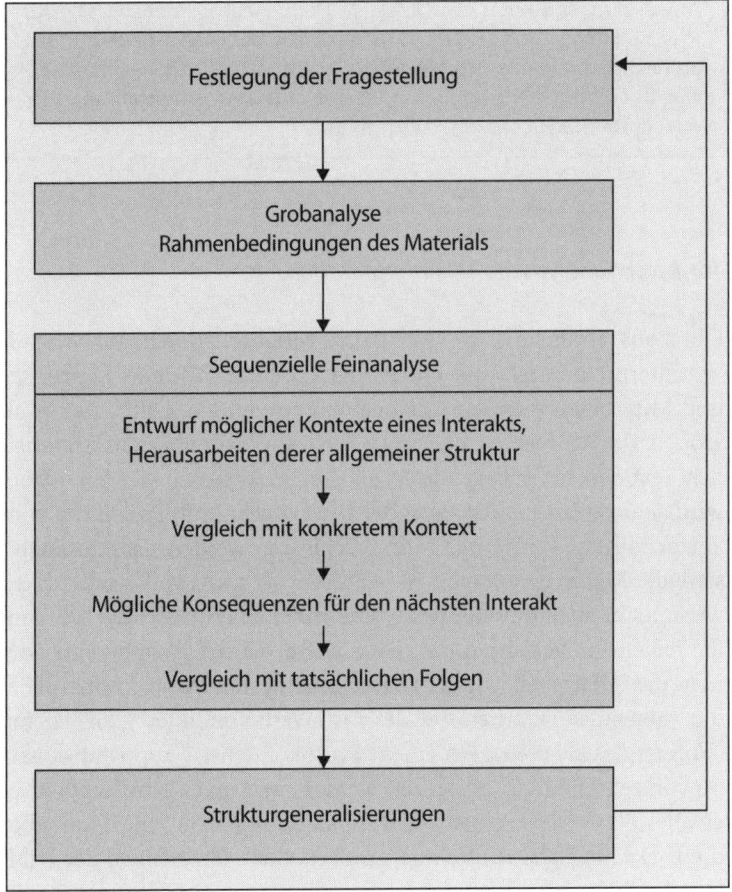

Abb. 25: **Ablaufmodell der Objektiven Hermeneutik**

Interpreten, die mindestens 30 Stunden lang am Protokoll arbeiten und eine 50-seitige Interpretation produzieren. Es ist also einiges an Ressourcen notwendig, um mehrere Fälle bearbeiten zu können. Das Anwendungsgebiet der Objektiven Hermeneutik lässt sich weiterhin vor allem dadurch charakterisieren, dass es ihr weniger um subjektive Bedeutungen als um die dahinter liegenden allgemeinen Strukturen geht. Sie empfiehlt sich also eher für Fragestellungen, bei denen solche Strukturen von Interesse sind.

> **Anwendungsgebiete:** Die Objektive Hermeneutik empfiehlt sich für Fragestellungen, bei denen es weniger um subjektive Bedeutungen als um allgemeine dahinter liegende Strukturen geht. Wegen ihres aufwändigen Vorgehens ist sie nur an kleinen Materialausschnitten oder mit erheblichen Ressourcen durchführbar.

16) Psychoanalytische Textinterpretation

Durchaus ähnliche Züge weist das Verfahren psychoanalytischer Textinterpretationen auf, das Alfred Lorenzer, Thomas Leithäuser und Mitarbeiter entwickelt haben (Lorenzer 1986; Leithäuser et al. 1977, 1979; Volmerg et al. 1983). Auch hier soll über das Material, den Text, auf tiefer liegende Strukturen geschlossen werden. Dabei wird aber explizit an die Psychoanalyse angeknüpft: Es soll der vom Textproduzent verdrängte Sinn erschlossen werden. Das zu analysierende Material, so sagen die Autoren, sei nicht voll verständlich, wenn nicht auch diese unbewussten Inhalte berücksichtigt würden. Sie haben ihr Verfahren dabei vor allem bei der Analyse von Formen des Alltagsbewusstseins ausgearbeitet. Ein Projekt hatte dabei die subjektive Verarbeitung des Ost-West-Konfliktes zum Thema (Volmerg et al. 1983). An einem Protokoll einer Gruppendiskussion von zehn Frauen soll gezeigt werden, worum es geht (Leithäuser et al. 1979). Die Diskussion beginnt damit, dass eine Frau über mehr Nachbarschaftshilfe und größere Menschlichkeit in der DDR berichtet. Das wird dann im Verlauf des Gesprächs relativiert (»nur auf dem Land«; »gibt's bei uns z.T. auch!«), bis man dann auf die mangelnde Meinungsfreiheit in der DDR kommt. Schließlich wird moniert, dass viele Leute, die in die BRD übergesiedelt sind, an den hiesigen Verhältnissen herummeckern, obwohl es ihnen doch hier viel besser ginge. Leithäuser et al. interpretieren nun, dass das zentrale Thema der Gruppe der Wunsch nach mehr Menschlichkeit, mehr wechselseitiger freiwilliger Nachbarschaftshilfe sei, so wie es am Anfang der Szene erschien. Im Folgenden werde dieser Wunsch dann systematisch verdrängt, er werde durch die Relativierungen und Themenwechsel abgewehrt. Der Text spiegelt also nur eine Oberfläche wieder, bei der nicht stehen geblieben werden darf. Die Analyse zielt aber nicht isoliert auf die subjektiven verdrängten Gehalte ab. Sie will das Herausgefundene auch in den Zusammenhang objektiver gesellschaftlicher Strukturen stellen, wie sie beispielsweise durch ideologiekritische Verfahren angestrebt werden. Psychoanalytische Textinterpretation im Sinne Leithäusers sieht sich im Spannungsverhältnis rein subjektbezogener psychoanalytischer Arbeit und gesellschaftskritischer Analyse.

> **Grundgedanken:** Psychoanalytische Textinterpretation geht davon aus, dass das Material nicht voll verständlich ist, wenn man an der Oberfläche stehen bleibt. Mit psychoanalytischen Mitteln sollen verdrängte Gehalte freigelegt und in ihrer gesellschaftlichen Bedingtheit und Relevanz analysiert werden.

Nun zum konkreten Vorgehen. Es lässt sich in fünf wesentliche Schritte zerlegen. Die Analyse beginnt damit, dass zunächst der manifeste Inhalt des Materials, des Textes erfasst wird. Die Autoren nennen dies »Logisches Verstehen«. Der Text wird insgesamt als sinnvolle Struktur erfasst, aber bereits hier wird nach Inkonsistenzen gesucht, nach Regelverletzungen, auch grammatikalischen »Fehlern«, die Indikatoren für Verdrängungen sein können. Im nächsten Schritt wird ein psychologisches Verstehen des Textes angestrebt. Hier wird auf Gestik und affektive Gehalte beim Textproduzenten abgehoben, auf das konkrete situative Erleben des jeweiligen Sprechers. Auch hier wieder sind beispielsweise Widersprüche zwischen Text und Gestik von besonderem Interesse. Das szenische

Verstehen stellt den dritten Schritt dar. Die sprachlichen Äußerungen werden nun in ihren umfassenden Interaktionszusammenhang gestellt, es wird gefragt, welche lebenssprachliche Bedeutung die Interaktionen haben; es werden dabei verschiedene Szenen verglichen, um Gleichförmigkeiten, Muster zu finden. »Die interpretationsleitende Fragestellung weitet sich also dahin aus, wie über was sich verständigt wird und welche gesellschaftlichen Lebensformen sich in diesem Was darstellen.« (Leithäuser et al. 1979, S. 173) Im tiefenhermeneutischen Verstehen als nächstem Schritt wird nun versucht, Verdrängungen auf die Spur zu kommen. Dabei werden die Ergebnisse der vorhergehenden Schritte herangezogen. Man sucht danach, wo Sprach- und Interaktionsfiguren sich als Abwehrfiguren zu erkennen geben. Letztes Kriterium ist dabei immer das Verständnis des Interpreten. Die Analyse mündet dann in die Rekonstruktion der Sinngehalte, die verdrängt worden sind, und in die Rekonstruktion des Sinns der Verdrängung; es geht also darum, was und warum verdrängt wurde. Daraus ergibt sich der folgende Ablauf (Abb. 26).

Wir haben hier wieder ein stark interpretatives Verfahren kennen gelernt. Die konkreten Deutungen sind nur sehr schwer zu begründen und abzusichern. Auch ist das Verfahren an die psychoanalytische Theorie angebunden. Nur wenn die Fragestellung in diesen Zusammenhang passt, ist das Vorgehen empfehlenswert. Dann aber kann es gewiss zu wichtigen Ergebnissen führen.

> **Anwendungsgebiete:** Psychoanalytische Textinterpretation in der hier vorgestellten Form ist an einen vorgegebenen Theoriehintergrund gebunden, kann aber in diesem Rahmen wichtige Aufschlüsse über verdrängte Sinngehalte im gesellschaftlichen Kontext geben.

Beispiel: Leithäuser (1985) hat für sein Interpretationsverfahren auch ein Beispiel skizziert, das mit Arbeitslosigkeit zu tun hat. Aus einer Gruppendiskussion mit Werftarbeitern stammt der folgende Ausschnitt, der die Wirkungen der Angst vor der Arbeitslosigkeit zeigt (S. 471):

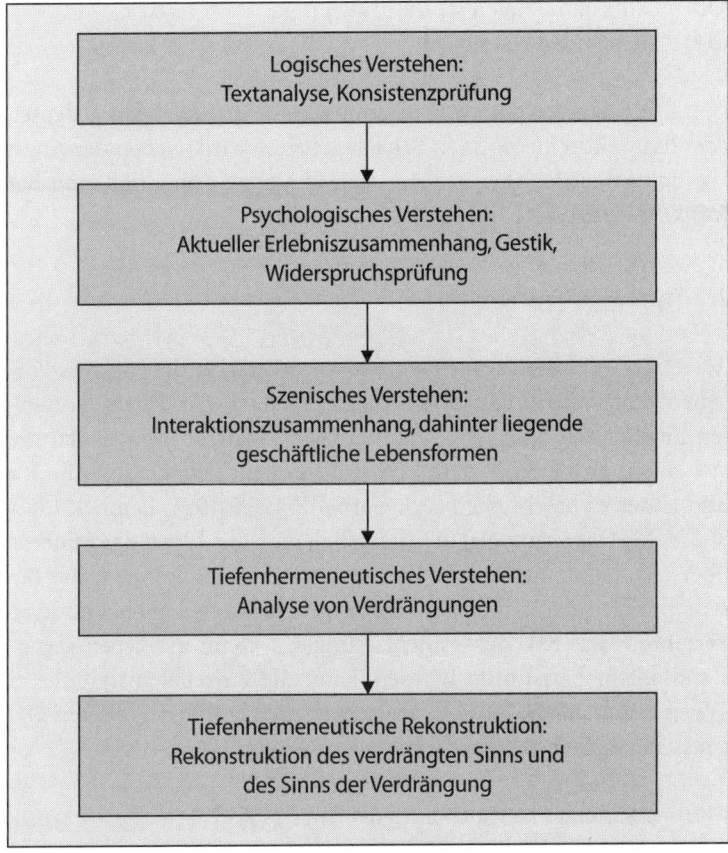

Abb. 26: **Ablaufmodell der psychoanalytischen Textanalyse**

(28) Können wir denn was dagegen machen, dass wir Fregatten bauen müssen?
(29) Wir könnten schon!
(30) Ja, wie wollen wir das denn machen?
(31) Wir könnten alle geschlossen die Arbeit niederlegen, müssen aber dafür eingehen, arbeitslos zu sein.
(32) Ja genau. Arbeitslos, arbeitslos, du verhungerst, du kannst nicht anders. (Alle reden durcheinander)
(37) ... Wenn wir sie nicht bauen

(38) (all:) dann bauen sie die anderen
(39) Also bauen wir sie halt.

Diese Äußerungen der Werftarbeiter werden dahingehend gedeutet, dass das politische Motiv in Schach gehalten wird. Neben der Angst vor der Arbeitslosigkeit stehen der Mangel an Solidarität und der Konkurrenzdruck (Leithäuser 1985, S. 471).

17) Typologische Analyse

Als letztes Verfahren wollen wir wieder ein stärker deskriptives Vorgehen beschreiben, das in den unterschiedlichsten Theoriekontexten angewendet wird. Bei typologischen Analysen geht es darum, aus einem größeren Material typische Bestandteile herauszufinden und näher zu beschreiben (vgl. Gerhardt 1985, 1991; Lamnek 1989, S. 336ff.). Der Grundgedanke ist dabei, dass die Typen das Material überschaubarer und anschaulicher repräsentieren können, die Beschreibungen dabei mehr ins Detail gehen können als bei anderen Verfahren (wie z.B. Zusammenfassungen). Wenn die Typen gegenstandsadäquat bestimmt wurden, kann die Einzelfallanalyse dieser Typen anschauliche Aussagen machen, die für einen größeren Gegenstandsbereich verallgemeinert sind (Foppa 1986).

> **Grundgedanke:** Bei typologischen Analysen sollen nach einem vorher festgelegten Kriterium solche Bestandteile aus dem Material herausgefiltert und detailliert beschrieben werden, die das Material in besonderer Weise repräsentieren.

Dabei wird immer wieder auf das um die Jahrhundertwende von dem Soziologen Max Weber entwickelte Konzept des idealtypischen Verstehens zurückgegriffen. Idealtypen (der typische Unternehmer, der typische Industriearbeiter) sollen, von empirischem Material ausgehend, Fälle mit besonders markanten Eigenschaften konstruieren. Dies geschieht durch »einseitige Steigerung eines oder einiger Gesichtspunkte und durch Zusammenschluss einer Fülle von Einzelerscheinungen, die sich jenen einseitig herausgehobenen Gesichtspunkten fügen« (Weber nach Gerhardt 1991, S. 438).

Ein realtypisches Vorgehen besteht dagegen darin, »echte« Fälle als typisch im Material zu identifizieren und dann genau zu beschreiben. In jedem Falle ist für ein kontrolliertes Vorgehen entscheidend, im Analyseprozess nach der Festlegung von Fragestellung und Material Typisierungsdimension und Typisierungskriterium festzulegen. Typisierungsdimension meint die inhaltliche Festlegung über welche Materialbestandteile typisiert werden soll (Merkmale der Lebenssituation der Betroffenen, Reaktionsformen, Handlungsorientierungen, emotionale Befindlichkeiten, usw.). Beim Typisierungskriterium stehen verschiedene Ansätze zur Verfügung:

- Idealtypen (s. o.),
- besonders häufige Fälle als Typen,
- besonders seltene Fälle,
- Extremtypen,
- Fälle von besonderem theoretischen Interesse als Typen.

Das hauptsächliche Vorgehen besteht dann in zwei Materialdurchgängen. Einmal müssen die Typen in Bezug auf Typisierungsdimension und -kriterium konstruiert, festgelegt werden. In einem zweiten Durchgang wird dann mit diesem Set an Typen (in der Regel zwei bis zehn) das Material herausgefiltert, das die Typen besonders anschaulich und detailliert beschreiben kann. Diese zentralen Schritte sind auch weiter differenzierbar, wenn man mit strukturierender qualitativer Inhaltsanalyse arbeitet (durch Arbeiten mit einem Kodierleitfaden z.B., vgl. Kap. 4.3.14).

Die so gewonnenen Typenbeschreibungen müssen schließlich an Fragestellung und Material rücküberprüft werden, um zu bestimmen, ob sie nach den intendierten Kriterien verallgemeinert sind (vgl. dazu Foppa 1986). Daraus ergibt sich das folgende Ablaufmodell (Abb. 27).

Aus der Fülle von Beispielen, die mit Typenkonstruktionen (Ideal- oder auch Realtypen) bevorzugt arbeiten, seien hier nur die Bereiche der Feldforschung, der Lebensweltanalysen, der qualitativen Marktforschung und der Gesundheitsforschung genannt (vgl. Beispiele in Flick et al. 1991). Solche Ansätze sind besonders dann fruchtbar, wenn bisher wenig erforschte Gebiete exploriert werden

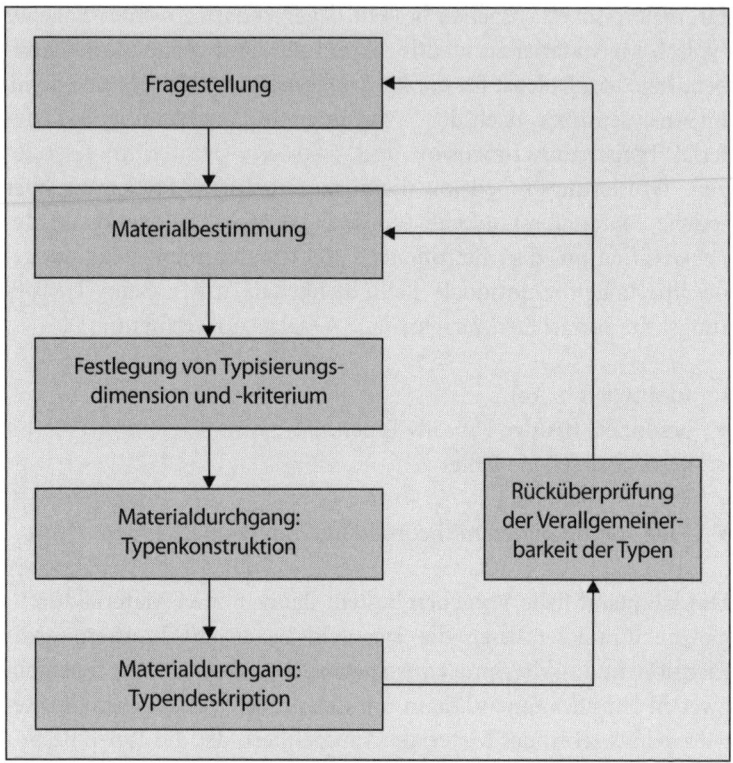

Abb. 27: **Ablaufplan der typologischen Analyse**

sollen, um Grundlagen für zukünftige Konzept- und Theoriebildung zu schaffen. Auch typische Verläufe sind mit diesem Ansatz gut analysierbar.

> **Anwendungsgebiete:** Typologische Analysen empfehlen sich dann, wenn in eine Fülle explorativen Materials Ordnung gebracht werden soll, aber auf detaillierte Fallbeschreibungen nicht verzichtet werden kann.

Viele der bisher dargestellten Anwendungsgebiete aus der Arbeitslosenforschung lassen sich einem typologischen Vorgehen zuordnen. Das in Kap. 3.1 vorgestellte Beispiel (Heinemeier/Robert 1984), aber auch die in 4.2.10 angeführten vier Haltungstypen aus der Marienthal-Untersuchung (ungebrochene, resignierte, verzweifelte und apathische Grundhaltung) sind hier einschlägig.

4.4 Zusammenhang des Analyseinstrumentariums

Wir haben in den letzten Kapiteln nun 17 verschiedene qualitative Verfahren und fünf Designs qualitativer Forschung kennen gelernt. Es kommt mir aber darauf an, nicht nur Möglichkeiten qualitativer Analyse aufzuzeigen, sondern diese neueren Ansätze in Beziehung zu setzen. Besonders im historischen Teil des Buches (1. Kapitel) wurde darauf hingewiesen, wie wichtig es ist, das Schulendenken zu überwinden und zu einer stärkeren Integration qualitativer Ansätze zu gelangen. Konkret heißt das, dass die 22 dargestellten Ansätze miteinander kombinierbar sind. In der Praxis qualitativer Forschung wird dies zum Teil längst getan.

So wurde als vorletztes Auswertungsverfahren oben ein Ansatz besprochen (Leithäuser et al. 1977, 1979), der Gruppendiskussionsverfahren mit psychoanalytischer Textinterpretation kombiniert. Wir selbst haben jahrelange problemzentrierte Interviews wortprotokolliert und mittels qualitativer Inhaltsanalyse ausgewertet (Ulich et al. 1985). Die Techniken können in unterschiedlichen qualitativen Untersuchungsplänen eingesetzt werden. Die Auswahl von Untersuchungsplan und Techniken der Erhebung, Aufbereitung und Auswertung, die Zusammenstellung des konkreten Analyseinstrumentariums also muss auf den Gegenstand und die Fragestellung der Untersuchung bezogen sein. Sie soll nicht durch persönliche Vorlieben oder Schulendenken des Forschers vorwegbestimmt sein. Gerade das aber lässt sich bei neueren qualitativen Ansätzen immer wieder beobachten. Nur eine einzige Methode wird verwendet und nach Gegenständen gesucht, die zu ihr passen. Vielleicht ist dies nur ein Übergangsstadium. Aber kreative, qualitativ orientierte Forschung bedeutet Vielfalt, nicht Einseitigkeit, bedeutet Gegenstandsbezogenheit, nicht Methodenfixiertheit. Abb. 28 fasst noch einmal zusammen, wie groß die Auswahlmöglichkeiten sind, wenn man qualitative Forschung in den Sozialwissenschaften betreiben möchte. Nur wenn diese Möglichkeiten breiter genutzt werden, wenn sie wie bei quantitativen Techniken als Methodenarsenal angesehen werden, das pragmatisch, gegenstandsbezogen benutzt wird, wird die qualitative Wende auf breiter Linie die aktuelle Forschung befruchten.

*Abb. 28: **Untersuchungspläne und Verfahren qualitativer Forschung***

Dies muss sich natürlich auch auf die Integration mit quantitativen Ansätzen beziehen. Auch hier muss pragmatisch, gegenstandsbezogen erwogen werden, wo sich quantitative Ansätze, quantitative Techniken mit Gewinn einsetzen lassen. Denn insgesamt geht es uns ja nicht um eine Alternative zur quantitativen Forschung. Es geht uns darum, das qualitative Denken im humanwissenschaftlichen Forschungsprozess zu verstärken, um gehaltvollere Ergebnisse zu erzielen.

5. Computereinsatz in der qualitativen Sozialforschung

Es ist mehrfach betont worden, dass es bei qualitativer Analyse nicht um eine strikte Gegenposition zu quantitativen Verfahren geht, sondern um eine Schwerpunktverlagerung, um die Explikation und Kontrolle qualitativer Analyseschritte, die in jedem sozialwissenschaftlichen Vorgehen notwendig enthalten sind. Gerade in den letzten Jahren sind dabei die Möglichkeiten einer Computerunterstützung qualitativer Analyse diskutiert worden (vgl. Pfaffenberger 1988; Tesch 1992; Fielding/Lee 1991; Huber 1992). Einerseits wird dabei durch qualitative Analyse präzisiert, an welchen Stellen mit welcher Aussagekraft quantitative Schritte in den Analysevorgang eingebaut werden können. Andererseits können Computerprogramme heute qualitative Analyseschritte entscheidend unterstützen. Gerade die Verbreitung erschwinglicher Heimcomputer hat die Programmentwicklung weit vorangetrieben. Der Computereinsatz in der qualitativen Sozialforschung ist damit ein Zeichen eines neuen integrativen Denkens in der Methodendiskussion geworden.

5.1 Ansatzpunkte für den Computereinsatz

Ein Anlass für Überlegungen auf diesem Gebiet war wohl, dass für eine fundierte qualitativ orientierte, interpretative Auswertung von beispielsweise Interviewprotokollen immer schon das Material transkribiert wurde. Diese Transkription geschieht heutzutage immer häufiger am PC (o. ä. Heimcomputern). Wenn nun schon das Material in dieser Art vorliegt, ist es natürlich verlockend, auch für die Auswertung die Möglichkeiten eines PC zu nutzen. Die hierfür gangbaren Wege hat Brent (1984) grundsätzlich in drei Gruppen eingeteilt:

Nutzung des Textverarbeitungsprogramms (»text approach«)

Bereits innerhalb des Textverarbeitungsprogramms (z.B. WORD PERFECT, WORD ...) sind hilfreiche Funktionen möglich, wie das Ausschneiden und Verschieben einzelner Textpassagen (Blockfunktion), das Suchen von bestimmten Wörtern oder Wortteilen im Text, das Schreiben von Kommentaren mit geteiltem Bildschirm auf einer zweiten Textebene und sogar das Kodieren, indem im Text am Anfang und am Ende der zu kodierenden Textstelle Kodes mit voran- und nachgestellten Sonderzeichen ($ oder ???) eingefügt werden. Der Text ist dann wahlweise auch ohne diese Kodierungen wiedergebbar.

Datenbankprogramme (»data base management approach«)

Hier können die bestimmten Textstellen zugeordneten Kodierungen außerhalb des Textes in einer separaten Datenbank organisiert werden. Dadurch werden Operationen auf der Kategorienebene möglich. Verarbeitungskapazität und Geschwindigkeit der Operationen erhöhen sich stark. Das Material kann nach Themen geordnet und ausgewertet werden; es können Kodierungen vorgenommen werden, die zu einer Kodierung gehörigen Textstellen können selektiert werden; Suchfunktionen können verwendet werden; die Kodierungen lassen einen problemlosen Datentransfer zu Statistik-Programmen zu.

In einer Programmiersprache eigens entwickelte Programme (»knowledge-based systems«)

Hier werden komplexe Auswertungsstrategien direkt auf das Auswertungskonzept hin entwickelt. In einer Programmiersprache werden je spezifische Programme geschrieben. Solche Programme basieren auf den theoretischen Konzepten und Ablaufmodellen einer speziellen qualitativen Verfahrensweise und unterstützen speziell deren Analyseschritte.

5.2 Grundlegende Prozeduren der Computerunterstützung

Die Grundfunktion qualitativer Analyse, bei denen also hier eine Computerunterstützung angeboten wird, sind die folgenden:

- Markieren von Textbestandteilen und Kennzeichnung mit einer Auswertungskategorie (Kodierung);
- Markierung weiterer Textbestandteile (Zitate) unter derselben Kategorie (Kodierung);
- Zusammenstellung aller Zitate pro Kodierung, auch über größere Textkorpora hinweg;
- Rückverfolgung aller Textstellen in ihrem Kontext pro ausgewertetem Kode;
- Veränderbarkeit der Kategorien oder Kodes im Analyseablauf;
- Bildung von Über- oder Unterkategorien;
- Suchfunktionen nach zentralen Begriffen im Text, um Anhaltspunkte für weitere Kodierungen zu bekommen;
- Kommentierung von Kategorien oder Kodes zur genaueren Definition und eventuellen Revision;
- schnelles Finden von typischen Beispielzitaten für eine Kodierung, auch als Belege für den Schlussbericht;
- Vorbereitung möglicher quantitativer Analysen bei mehrmals kodierten Kategorien.

Daneben bieten einige Programme noch zusätzliche Möglichkeiten, entweder in den qualitativen Teilen (z.B. grafische Veranschaulichung von Ober- und Unterkategorien in Netzwerken, Fenstertechnik zur gleichzeitigen Visualisierung von Text, Kategorien- und Zitatenlisten, komplexere Suchfunktionen z.B. nach Mehrfachkodierungen oder Kodesequenzen) oder in den quantitativen Teilen (z.B. statistische Analyseverfahren).

5.3 Überblick über die wichtigsten Programme

Es sollen nun einige zentrale Computerprogramme zur Unterstützung qualitativer Analyse kurz vorgestellt werden (vgl. auch Huber

1992). In der Regel handelt es sich dabei um PC-Programme, die in Zentren qualitativer Forschung an Universitäten entwickelt wurden (weshalb sie auch meist sehr erschwinglich sind). Die einfachen textverarbeitungsbasierten Programme wurden hier nicht berücksichtigt. Es werden jeweils Hardware-Voraussetzung und Programmentwickler angegeben und die wesentlichen Prozeduren angeführt (in alphabetischer Reihenfolge).

Aquad (PC; G.L. Huber, Universität Tübingen)
Zeilenweise Kodierung; kombinierte komplexe Suchfunktion (»Hypothesentestung«); Verfahren logischer Minimierung (allerdings in der Praxis noch nicht bewährt); Memofunktion für Kommentare;

Atlas/ti (PC; T. Muhr, TU Berlin)
Kodierung auch buchstabenweise; Fenstertechnik; grafische Veranschaulichung und Konstruktion von »Kodefamilien« mit komplexen Beziehungen; eigenes Memofenster; Verbindung zu quantitativer Analyse (SPSS); Mausunterstützung; »grounded theory«, qualitative Inhaltsanalyse und Globalauswertung (Legewie) als Hintergrund;

Ethnograph (PC; J. Seidel, Corvallis, Oregon)
Eingabe von Kodierungen mit entsprechenden Zeilenangaben (nicht direkt am Bildschirm); kombinierte Suchfunktionen; einfache Kodierhäufigkeiten; Memofunktion; ethnografische Analyse als Hintergrund;

Hyperqual (Macintosh; R. Padilla, Phoenix, Arizona)
Auf HyperCard basierend; Kodieren mit Maus; Fenstertechnik; Suchfunktionen; Memotechnik;

Hyperresearch (Macintosh; S. Hesse-Biber, P. Dupuis, S. Kinder, Boston, Massachusetts)
Komfortables Kodieren und Suchen auch mit Tonband und Videomaterial;

Hypersoft (Macintosh; I. Dey, Edinburgh University, Schottland)
Mit HyperCard verbunden; komfortables Kodieren; komplexes, kombiniertes Suchen; grafische Veranschaulichung; Häufigkeiten; Kreuztabellenanalysen;

Intext (PC; H. Klein, Lengerich)
Eingabe von Kodierungen; Suchfunktionen; Verbindung zu quantitativen inhaltsanalytischen Techniken und statistischen Analysen;
Max.txt (PC; U. Kuckartz, TU Berlin)
Zeilenweises Kodieren von Textsegmenten; Suchfunktionen; Kodierung in Variablenform; Verbindung zur quantitativen Analyse; strukturierende qualitative Inhaltsanalyse als Hintergrund;
Nudist (Macintosh, PC, Unix und VAX/VMS; L. und T. Richards, La-Trobe University, Melbourne, Australien)
Komfortables Kodieren mit Maus und Fenstertechnik; komplexes, kombiniertes Suchen; grafische Veranschaulichung des Kategorienbaumes (Ober- und Unterkategorien); »grounded theory« als Hintergrund;
Sonar Professional (PC und Macintosh; M. Fischer, University of Bristol)
Einfaches Kodieren; Fenstertechnik; Textsuchfunktionen; Kommentarmöglichkeit;
Tact (PC; ZAROF-Institut, Leipzig)
Kodieren; grafische Baumdarstellung von Ober- und Unterkategorien; Mausunterstützung; Suchfunktionen; Kodierungen in Variablenform; quantitative Analysen;
Textbase.Alpha (PC; O. Kristensen, B. Sommerlund, University of Aarhus, Dänemark)
Zeilenweises Kodieren am Bildschirm; Mausunterstützung; Hierarchisierung der Kodes; Suchfunktionen; Kommentarfunktion; Ausgabe der Kodierungen als Matrix für statistische Analyse.

Welches dieser Programme man wählt, hängt von Hardware-Voraussetzungen, methodologischem Hintergrund, aber auch vom persönlichen Arbeitsstil ab.

6. Gütekriterien qualitativer Forschung

Es ist ein wichtiger Standard empirischer Forschung, dass am Ende ihres Forschungsprogramms die Einschätzung der Ergebnisse anhand von Gütekriterien steht. Es werden also Maßstäbe entwickelt, an denen die Qualität der Forschungsergebnisse gemessen werden kann. Man führt eigene Verfahren durch, mit denen die Ergebnisse überprüft werden. Dabei wird in der Regel unterschieden zwischen Kriterien der Validität, der Gültigkeit (Habe ich wirklich das erfasst, was ich erfassen wollte?) und der Reliabilität, der Genauigkeit (Habe ich den Gegenstand exakt erfasst?) (vgl. dazu Kerlinger 1975; Lienert 1961). Zwar vernachlässigt quantitative Forschung diesen Bereich in ihren konkreten Analysen; höchstens bei der Begründung neuer Messinstrumente findet man regelmäßig Angaben zu Gütekriterien. Umso mehr muss aber qualitativ orientierte Forschung darauf bedacht sein, sich an Gütekriterien messen zu lassen. Neuere qualitative Arbeiten weisen darauf immer mehr hin (z.B. Hirsch 1967; Terhart 1981; Volmerg 1983; Kirk/Miller 1986; Flick 1987; Kvale 1988).

In diesen aktuellen Diskussionen um Gütekriterien qualitativer Forschung setzt sich immer mehr die Einsicht durch, dass man nicht einfach die Maßstäbe quantitativer Forschung übernehmen kann. Gütekriterien qualitativer Forschung müssen neu definiert, mit neuen Inhalten gefüllt werden. Denn die Maßstäbe müssen zu Vorgehen und Ziel der Analyse passen (Flick 1987). Darüber hinaus wird man sich bei qualitativer Forschung darauf einstellen, dass die Geltungsbegründung der Ergebnisse viel flexibler sein muss. Man kann nicht einfach ein paar Kennwerte errechnen, man muss mehr argumentativ vorgehen. Es müssen Belege angeführt und diskutiert werden, die die Qualität der Forschung erweisen können (vgl. Kap. 2.2), der Prozess der Begründbarkeit und Verallgemeinerbarkeit der Ergebnisse (Heinze et al. 1975; Heinze 1987) rückt in den Vordergrund.

6.1 Kritik klassischer Gütekriterien

Ein Grund dafür, dass qualitativ orientierte Forschung nach neuen Gütekriterien suchen muss, ist auch, dass die klassischen Kriterien oft wenig tragfähig sind. Verdeutlichen lässt sich das an den Kriterien der quantitativen Testtheorie (Lienert 1969).

Die *Validität*, das wurde bereits gesagt, soll einschätzen, ob auch das erfasst wurde, was erfasst werden sollte, also ob beispielsweise eine Intelligenzuntersuchung mit ihren Messinstrumenten tatsächlich Intelligenz erfasst hat (und nicht z.b. nur Rechenfähigkeit oder differenzierte Sprachbeherrschung). Als erster Gütemaßstab wird hier immer der Vergleich mit einem Außenkriterium genannt (concurrent validity). Es gibt vielleicht eine alternative Intelligenzmessung, die an einem Teil der Stichprobe vorgenommen wird und mit den ersten Ergebnissen verglichen wird. Es gibt vielleicht ein Merkmal, das mit Intelligenz hoch korreliert (wiederum z.B. Rechenfähigkeit oder differenzierte Sprachbeherrschung), das getrennt erfasst und auch hier den ersten Ergebnissen gegenübergestellt wird. Aber es wird sofort offensichtlich, dass sich die Katze in den Schwanz beißt. Eine Untersuchung, ein Messinstrument will besser sein als Vorhergehendes, will exakt ihren Gegenstand treffen und nicht ähnliche Gegenstände, Korrelate. Also *muss* sie von alternativen Messinstrumenten, von Korrelaten abweichen, wenn sie gut sein will, und nicht umgekehrt.

Die *Reliabilität* betrifft die Genauigkeit, die Exaktheit des Vorgehens, der Messung. Ein zentrales klassisches Kriterium ist hier die Konsistenzprüfung: Das Instrument wird in zwei gleiche Hälften geteilt, und die Ergebnisse, die die beiden Hälften für sich erzielen, werden auf Übereinstimmung hin verglichen (»split-half-reliability«). Nicht nur der/die qualitativ orientierte Forscher/in muss hier den Kopf schütteln. Denn wenn das Kriterium optimal erfüllt wird, kann man sich ja die Hälfte der Untersuchung schenken. Datenerhebungsverfahren werden so ausführlich angelegt, dass sie alle interessierenden Aspekte abdecken. Bei jeder Teilung entstehen notgedrungen ungleiche Hälften, die niemals völlig miteinander übereinstimmen (außer ich habe mehrmals exakt dasselbe erhoben, was wenig ökonomisch wäre).

Ähnliche Probleme entstehen bei den weiteren klassischen Reliabilitätsmaßen. Die Bestimmung der Re-Test-Reliabilität geht so vor, dass die gleiche Untersuchung am selben Gegenstand (d.h. an derselben Stichprobe) kurze Zeit später erneut durchgeführt wird und die Ergebnisse verglichen werden. Das mag in der Physik, vielleicht sogar in der Medizin sinnvoll sein. Bei vielen Fragestellungen qualitativ orientierter Forschung leuchtet dieses Gütekriterium aber weniger ein. Denn zum einen verändert sich der Gegenstand ja bereits durch den Eingriff der Forscher, durch die Messung (besonders bei der Handlungsforschung, vgl. Kap. 3.3). Zum anderen bleibt die Zeit ja nicht stehen. Menschen (also auch Versuchspersonen) entwickeln sich kontinuierlich, situative Bedingungen verändern sich, unterliegen dem sozialen Wandel. Auch hier sind also Zweifel angebracht. Qualitativ orientierte Forschung muss zu neuen Gütekriterien gelangen.

6.2 Methodenspezifische Gütekriterien

Der Grundsatz – das wurde bereits erwähnt – muss lauten: Die Gütekriterien müssen den Methoden angemessen sein. Das haben sich schon einige qualitative Ansätze zu Eigen gemacht und für ihr spezifisches methodisches Vorgehen spezifische Gütekriterien aufgestellt. Davon soll nun anhand von zwei Beispielen die Rede sein:

Teilnehmende Feldforschung

Wir sind auf Feldforschung als qualitatives Design (Kap. 3.4) und teilnehmende Beobachtung als qualitative Technik (Kap. 4.1) eingegangen. In diesem Bereich sind spezifische Gütekriterien entwickelt worden (Becker 1970; Becker/Geer 1979), die sich auf die drei hauptsächlichen Phasen des Forschungsprozesses, auf Erhebung, Aufbereitung und Auswertung beziehen. Ich möchte sie hier systematisiert darstellen.

Datenerhebung

- Glaubwürdigkeit der Personen, mit denen man im Feld Kontakt hat: Sind die Forschungssubjekte offen und ehrlich?
- Reaktivität des Materials: Ist von den Forschern nach dem Material gefragt worden oder wurde es spontan geäußert?
- Sozialbeziehungen Forscher–Subjekte: Gibt es während der Feldforschung Störfaktoren in den sozialen Beziehungen der Beteiligten?

Datenaufbereitung

- Deskriptive Analyse: Gibt es Verzerrungen bei der qualitativen Festlegung der zentralen, häufigen, typischen Phänomene im Gegenstandsbereich?

Auswertung

- Schrittweise Theoriekonstruktion: Wurde bei der Konstruktion theoretischer Modelle, Konzepte aus dem empirischen Material schrittweise vorgegangen, von einzelnen Teilen zum Ganzen, von der Grobstruktur zur Feinstruktur?
- Negativfälle: Wurde systematisch den Fällen nachgegangen, die den Schlussfolgerungen widersprechen könnten, die nicht in die interpretierten Konzepte passen könnten?

Man sieht, dass das doch ganz spezifische Maßstäbe sind, die in den Rahmen klassischer quantitativer Gütekriterien nicht mehr passen. Gehen wir zu einem zweiten Bereich über.

Einzelfallanalyse

Hier hat Dennis Bromley (1986) in einer Monografie über Fallstudien eine ganze Reihe von Kriterien angeführt, die der systematischen Suche nach Fehlerquellen in diesem Untersuchungsplan (vgl. 3.1 und 4.3.17) entstammen.

- Überprüfung der Vorannahmen, des Vorverständnisses auf Explizitheit, Adäquatheit und Plausibilität;
- Überprüfung von Alternativerklärungen der Schlussfolgerungen und Interpretationen;
- Überprüfung, ob nicht vorschnelle Schlussfolgerungen gezogen wurden (z.B. durch zu einfache Analogieschlüsse, Stereotype, oberflächliche Deutungen, verzerrte Fallauswahl);
- Suche nach zusätzlichen Daten außerhalb des Falles (»objektive« Daten, Auskunft Dritter) zur Absicherung;
- Überprüfung, ob das emotionale Engagement, die Identifikation mit dem Fall, den Forscher in verzerrender Weise beeinflusst hat;
- Überprüfung, ob die Kausalannahmen berechtigt sind, ob nicht von der einfachen Parallelität auf eine Verursachung geschlossen wurde;
- Überprüfung, inwieweit die Urteilsmaßstäbe des Interpreten subjektiven oder sozialen Einflüssen unterliegen und inwieweit dies die Interpretationen beeinflusste.

Auch hier also wieder Maßstäbe, die konkret auf das Vorgehen in Einzelfallanalysen abgestimmt sind. Aber man sieht auch schon, dass es darüber hinaus allgemeinere Kriterien und Überschneidungen zwischen den beiden Katalogen gibt.

6.3 Sechs allgemeine Gütekriterien qualitativer Forschung

So sollen jetzt sechs übergreifende Kriterien aufgestellt werden, die sich aus diesen spezifischen Katalogen, aber auch allgemeineren Überlegungen in der qualitativen Forschung (Kirk/Miller 1986; Flick 1987; Kvale 1988) ableiten lassen.

1) Verfahrensdokumentation

Das schönste Ergebnis ist wissenschaftlich wertlos, wenn nicht das Verfahren genau dokumentiert ist, mit dem es gewonnen wurde. Bei quantitativer Forschung reicht da in der Regel der Hinweis auf die verwendeten Techniken und Messinstrumente aus, denn sie sind ja standardisiert vorgegeben. In qualitativ orientierter Forschung dagegen ist das Vorgehen viel spezifischer auf den jeweiligen Gegenstand bezogen, werden die Methoden meist speziell für diesen Gegenstand entwickelt oder differenziert. Das muss bis ins Detail dokumentiert werden, um den Forschungsprozess für andere nachvollziehbar werden zu lassen (vgl. vor allem Kirk/Miller 1986). Dies betrifft die Explikation des Vorverständnisses, Zusammenstellung des Analyseinstrumentariums, Durchführung und Auswertung der Datenerhebung.

2) Argumentative Interpretationsabsicherung

Interpretationen spielen eine entscheidende Rolle in qualitativ orientierten Ansätzen. Interpretationen lassen sich aber nicht beweisen, nicht wie Rechenoperationen nachrechnen. Trotzdem muss sich eine Qualitätseinschätzung besonders auf interpretative Teile richten. Hier gilt die Regel, dass Interpretationen nicht gesetzt, sondern argumentativ begründet werden müssen (vgl. Hirsch 1967; Terhart 1981). Dabei sind verschiedene Kriterien entscheidend. Einmal muss das Vorverständnis der jeweiligen Interpretationen (vgl. 2.2) adäquat sein; dadurch wird die Deutung sinnvoll theoriegeleitet. Die Interpretation muss in sich schlüssig sein; dort wo Brüche sind, müssen sie erklärt werden. Schließlich ist es besonders wichtig, nach Alternativdeutungen zu suchen und sie zu überprüfen. Die Widerlegung von solchen »Negativfällen« (Becker/Geer 1979) oder Negativdeutungen kann ein wichtiges Argument der Geltungsbegründung von Interpretationen sein.

3) Regelgeleitetheit

Qualitative Forschung muss zwar offen sein gegenüber ihrem Gegenstand (vgl. 2.2), auch bereit sein, vorgeplante Analyseschritte zu modifizieren, um dem Gegenstand näher zu kommen. Das darf aber nicht in ein völlig unsystematisches Vorgehen münden. Auch qualitative Forschung muss sich an bestimmte Verfahrensregeln halten, systematisch ihr Material bearbeiten. So berichten Oevermann et al. (1979), dass in den Untersuchungen seiner Forschergruppe die Qualität der Interpretationen vor allem durch das schrittweise, sequenzielle Vorgehen abgesichert ist. Die Analyseschritte werden vorher festgelegt, das Material wird in sinnvolle Einheiten unterteilt, und die Analyse geht nun systematisch von einer Einheit zur nächsten. Das ist auch der Grund, warum in diesem Buch so viel Wert gelegt wurde auf die Beschreibung der qualitativen Techniken mit Hilfe von Ablaufmodellen. Denn in diesen Modellen wird der Analyseprozess in einzelne Schritte zerlegt, was die Voraussetzung für ein systematisches Vorgehen schafft. Aber Regelgeleitetheit heißt natürlich nicht, dass man sich um jeden Preis sklavisch an die Vorgaben halten muss. Keine Regel ohne Ausnahme! Ohne Regeln jedoch wird qualitative Forschung wertlos bleiben.

4) Nähe zum Gegenstand

Gegenstandsangemessenheit, Nähe zum Gegenstand ist ein Leitgedanke qualitativ-interpretativer Forschung (vgl. auch Flick 1987), aber auch jeder anderen Art von Forschung. In qualitativer Forschung wird das vor allem dadurch erreicht, dass man möglichst nahe an der Alltagswelt der beforschten Subjekte anknüpft (vgl. 2.2). Anstatt Versuchspersonen ins Labor zu holen, versucht man ins »Feld« zu gehen, in die natürliche Lebenswelt der Beforschten. Inwieweit dies gelingt, stellt ein wichtiges Gütekriterium dar. Ein zentraler Punkt ist dabei auch, dass man versucht, eine Interessenübereinstimmung mit den Beforschten zu erreichen. Qualitative Forschung will an konkreten sozialen Problemen ansetzen, will Forschung für die Betroffenen machen und dabei ein offenes, gleichberechtigtes Verhältnis herstellen (im Gegensatz zum klassischen Experiment, das von der Täuschung der Versuchspersonen lebt). Durch diese Interessenannäherung erreicht der Forschungsprozess eine größtmögliche Nähe zum Gegenstand. Man sollte im Nachhinein nochmals überprüfen, inwieweit dies jeweils gelungen ist.

5) Kommunikative Validierung

Die Gültigkeit der Ergebnisse, der Interpretationen kann man auch dadurch überprüfen, indem man sie den Beforschten nochmals vorlegt, mit ihnen diskutiert. Dies ist mit kommunikativer Validierung gemeint (Klüver 1979; Heinze/Thiemann 1982). Wenn sich die Beforschten in den Analyseergebnissen und Interpretationen auch wieder finden, kann das ein wichtiges Argument zur Absicherung der Ergebnisse sein (vgl. auch Scheele/Groeben 1988). Natürlich darf dies nicht das einzige, das ausschließliche Kriterium sein, denn sonst müsste die Analyse immer bei den subjektiven Bedeutungsstrukturen der Betroffenen stehen bleiben. Die Interpretation müsste sich auch an deren Mythen, Stereotypen, Ideologien binden. Objektive Hermeneutik und Psychoanalytische Textinterpretation beispielsweise wollen aber gerade darüber hinausgehen. Trotzdem wird in qualitativ orientierter Forschung den Beforschten mehr Kompetenz zugebilligt als üblich (vgl. Groeben/Scheele 1977). Sie sind nicht Datenlieferanten, sondern denkende Subjekte wie die Forscher auch. Deshalb nimmt der Forscher den Dialog mit ihnen auf (vgl. auch Sommer 1987). Er/sie kann – vor allem was die Absicherung der Rekonstruktion subjektiver Bedeutungen angeht – aus diesem Dialog wichtige Argumente zur Relevanz der Ergebnisse gewinnen.

6) Triangulation

Wie bei einem Triangel erst die Verbindung der drei Seitenstäbe den Klang des Instrumentes ausmacht, so kann auch bei qualitativer Forschung die Qualität der Forschung durch die Verbindung mehrerer Analysegänge vergrößert werden (Denzin 1978; Jick 1983; Fielding/Fielding 1986). Denzin hat dies auf den unterschiedlichsten Ebenen festgemacht: Verschiedene Datenquellen können herangezogen werden, unterschiedliche Interpreten, Theorieansätze oder Methoden. Triangulation meint immer, dass man versucht, für die Fragestellung unterschiedliche Lösungswege zu finden und die Ergebnisse zu vergleichen. Ziel der Triangulation ist dabei nie, eine völlige Übereinstimmung zu erreichen; das folgt auch aus der Kritik klassischer Gütekriterien (Kap. 6.1). Aber die Ergebnisse der verschiedenen Perspektiven können verglichen werden, können Stärken und Schwächen der jeweiligen Analysewege aufzeigen und schließlich zu einem kaleidoskopartigen Bild zusammengesetzt werden (Köckeis-Stangl 1980). Natürlich sind dabei auch Vergleiche qualitativer und quantitativer Analysen sinnvoll möglich. Und damit schließt sich der Kreis dieses Buches. Denn es ging zwar um die Stärkung des qualitativen Denkens in humanwissenschaftlicher Forschung, aber wie die Schenkel eines Triangels zusammengeschweißt sind, so sind qualitative und quantitative Analyseschritte miteinander zu verbinden, sie sind aufeinander angewiesen, um einen reinen Klang hervorbringen zu können.

7. Schlussbemerkung: Fallstricke qualitativer Forschung

Dieses Buch ist getragen von großem Optimismus (»Qualitative Wende«), von großem Engagement für qualitatives Denken. Am Ende muss aber auch Raum sein, über mögliche Fehlentwicklungen nachzudenken. Denn eine unkritische Weiterentwicklung qualitativer Ansätze birgt Gefahren in sich:

- Es ist hier der Versuch unternommen worden, qualitative Forschung so genau wie möglich, bis hin zu den Ablaufmodellen konkreter Verfahrensweisen, zu beschreiben (Kapitel 4). Dies ist bisher vernachlässigt worden, bietet aber die Grundlage für Überprüfbarkeit und Verallgemeinerbarkeit der Ergebnisse (Kapitel 6). Auf der anderen Seite ist es qualitativer Forschung besonders wichtig, nicht fertige Instrumente blindlings anzuwenden, sondern die Verfahrensweisen auf den konkreten Gegenstand passend zu entwickeln und anzuwenden. Ein allzu sklavisches Benutzen der hier zusammengestellten Verfahren läuft also Gefahr, den Gegenstand durch die Methode zu vereinheitlichen, zu verzerren. Denn eigentlich erfordert jeder Forschungsgegenstand seine eigene, spezifische Erkenntnismethode.
- Dieses Postulat der Orientierung am Gegenstand impliziert auch, dass es in qualitativer Forschung keine allzu große Spezialisierung auf bestimmte methodische Ansätze geben darf. Denn dann würde man die Gegenstände der Methode unterordnen. Die aktuelle Forschungspraxis läuft aber eher in die andere Richtung; in den einzelnen »Schulen« werden nur ganz bestimmte Verfahrensweisen praktiziert.
- Es wurde immer wieder betont (vgl. Kapitel 2 und 5), dass qualitative und quantitative Analyse keinen strikten Gegensatz darstellen, dass beide miteinander verflochten sind. Dies mag dazu verführen, bei klassischer quantitativer Forschung einfach eine

Phase qualitativer Analyse als Vorstudie voranzusetzen. Das kann zwar zu einer Verbesserung der Forschung führen, schreibt aber das qualitative Vorgehen auf eine Lückenbüßerfunktion fest (Witzel 1982, S. 78). Qualitatives Denken muss demgegenüber den Forschungsprozess in all seinen Phasen gestalten, um so zu einer wirklichen Integration qualitativer und quantitativer Analyse zu gelangen.

- Aber auch eine methodisch perfekte qualitativ orientierte Forschung birgt Gefahren in sich, wenn sie für falsche Zwecke missbraucht wird. Die offenen, teilnehmenden Erhebungsverfahren setzen ein großes Vertrauen zwischen Forscher und Forschungssubjekten voraus. Wenn eine solche qualitative Forschung nicht auch an konkreten Problemen der Subjekte ansetzt, wenn sie nicht Forschung für die Betroffenen darstellt, dient sie nur einer gekonnteren Aushorchung. J. Habermas hat dies als Kolonialisierung der Lebenswelt der Subjekte durch Forschung oder externe Zwecke sehr treffend bezeichnet (Habermas 1981).

Dies sind also einige Fallstricke qualitativer Forschung. Sie machen es notwendig, bei der Planung und Durchführung qualitativ orientierter Projekte nicht zu voreilig zu sein. Sie sollen aber andererseits nicht abschrecken, neue Wege wissenschaftlichen Vorgehens einzuschlagen, um fundiertere, praxisrelevante Ergebnisse sozialwissenschaftlicher Forschung zu erzielen.

Literaturverzeichnis

Achtenhagen, F. (1984): Qualitative Unterrichtsforschung. Einige einführende Bemerkungen zu einer kontrovers diskutierten Problematik. In: Unterrichtswissenschaft, 2, S. 206–217.

Adorno, T.W./Dahrendorf, R./Pilot, H./Albert, H./Habermas, J./Popper, K.R. (1969): Der Positivismusstreit in der deutschen Soziologie. Luchterhand, Darmstadt.

Albrecht, G. (1973): Zur Stellung historischer Forschungsmethoden und nichtreaktiver Methoden im System der empirischen Sozialforschung. In: Ludz, P.C. (Hrsg.): Soziologie und Sozialgeschichte. Sonderheft 16 der Kölner Zeitschrift für Soziologie und Sozialpsychologie, S. 242–293.

Altrichter, H. (1990): Ist das noch Wissenschaft? Darstellung und wissenschaftstheoretische Diskussion einer von Lehrern betriebenen Aktionsforschung. München: Profil.

Andrew, W.K. (1985): The phenomenological foundations for empirical methodology I: The method of optional variations. Journal of Phenomenological Psychology, 16, 1–29.

Andrew, W.K. (1986): The phenomenological foundations for empirical methodology II: Experimental phenomenological psychology. Journal of Phenomenology Psychology, 17, 77–98.

Arbeitsgruppe Bielefelder Soziologen (Hrsg.) (1973): Alltagswissen, Interaktion und gesellschaftliche Wirklichkeit. 2 Bände. Reinbek: Rowohlt.

Argyris, C. (1976): Gefahren bei der Anwendung von Ergebnissen aus der experimentellen Sozialpsychologie. In: Gottwald, K./Kraiker, C. (Hrsg.): Zum Verhältnis von Theorie und Praxis in der Psychologie, 121–151. Bochum: DGVT.

Aristoteles (1959): Über die Seele. Werke Bd. 13. Darmstadt: Wissenschaftliche Buchgesellschaft.

Arnold, R. (1983): Deutungsmuster. Zu den Bedeutungselementen sowie den theoretischen und methodologischen Bezügen eines Begriffs. Zeitschrift für Pädagogik, 29, 893–912.

Aschenbach, G. (1984): Erklären und Verstehen. Bad Honnef: Bock und Herchen.

Aster, R./Merkens, H./Repp, M. (Hrsg.) (1989): Teilnehmende Beobachtung. Werkstattberichte und methodologische Reflexionen. Frankfurt: Campus.

Atteslander, P. (1971): Methoden der empirischen Sozialforschung. Berlin: deGruyter.

Bachmair, B./Mohn, E./Müller-Doohm, S. (1985): Qualitative Medien- und Kommunikationsforschung – Werkstattberichte. Kassel: Gesamthochschule.
Banister, P./Burman, E./Parker, I./Taylor, M./Tindall, C. (1994): Qualitative methods in psychology. A research guide. Buckingham, PHIL: Open University Press.
Ballstaedt, S.-P. (1987): Zur Dokumentenanalyse in der biographischen Forschung. In: Jüttemann, G./Thomae, H. (Hrsg.): Biographie und Psychologie, 203–216. Berlin: Springer.
Ballstaedt, S.-P./Mandl, H./Schnotz, W./Tergan, S.-O. (1981): Texte verstehen, Texte gestalten. München: Urban & Schwarzenberg.
Barton, A.H./Lazarsfeld, P.F. (1979): Einige Funktionen von qualitativer Analyse in der Sozialforschung. In: Hopf, C./Weingarten, E. (Hrsg.): Qualitative Sozialforschung, 41–89. Stuttgart: Klett.
Baßler, W. (1988): Ganzheit und Element. Zwei kontroverse Entwürfe einer Gegenstandsbildung in der Psychologie. Göttingen: Hogrefe.
Becker, H.S. (1970): Problems of inference and proof in participant observation. In: Filstead, W.J. (Ed.): Qualitative Methodology, 189–201. Chicago: Markham.
Becker, H.S./Geer, B. (1979): Teilnehmende Beobachtung: Die Analyse qualitativer Forschungsergebnisse. In: Hopf, C./Weingarten, E. (Hrsg.): Qualitative Sozialforschung, 139–168. Stuttgart: Klett (Orig. 1960).
Becker-Schmidt, R./Bilden, H. (1991): Impulse für die qualitative Sozialforschung aus der Frauenforschung. In: Flick, U. u.a. (Hrsg.): Handbuch Qualitative Sozialforschung, 23–30. München: Psychologie Verlags Union.
Bennett, J. (1981): Oral history and delinquency. Chicago: University Press.
Berelson, B. (1952): Content analysis in communication research. Glence, Ill.: Free Press.
Bergold, J.B./Flick, U. (Hrsg.) (1987): Ein-Sichten. Zugänge zur Sicht des Subjekts mittels qualitativer Forschung. Tübingen: DGVT.
Bertaux, D./Kohli, M. (1984): The life story approach: A continental view. Annual Review of Sociology, 10, 215–237.
Blumer, H. (1973): Der methodologische Standpunkt des symbolischen Interaktionismus. In: Arbeitsgruppe Bielefelder Soziologen, Bd. 1, 80–146. Reinbek: Rowohlt.
Boring, E.G. (1953): A history of introspection. Psychological Bulletin, 50, 169–189.
Bortz, J./Döring, N. (1995): Forschungsmethoden und Evaluation (2. Auflage). Berlin: Springer.
Brandt, A.v. (1980): Werkzeug des Historikers. Stuttgart: Kohlhammer.
Brent, E. (1984): Qualitative computing: Approaches and issues. Qualitative Sociology, 7, 34–60.

Bromley, D.B. (1986): The case-study method in psychology and related disciplines. New York: Wiley.
Bronfenbrenner, U. (1981): Die Ökologie der menschlichen Entwicklung. Natürliche und geplante Experimente. Stuttgart: Klett-Cotta.
Bühler, C. (1933): Der menschliche Lebenslauf als psychologisches Problem. Leipzig: Hirzel.
Büttemeyer, W. (Hrsg.) (1979): Der Positivismusstreit in der deutschen Erziehungswissenschaft. München: Fink.
Bungard, W./Lück, H.E. (1974): Forschungsartefakte und nicht-reaktive Meßverfahren. Stuttgart: Teubner.
Burgess, R.C. (Ed.) (1984): In the field. An introduction to field research. London: Allen & Unwin.
Burgess, R.C. (Ed.) (1985): Issues in educational research: Qualitative methods. London: Falmer.
Burkart, G. (1983): Zur Mikroanalyse universitärer Sozialisation im Medizinstudium: Eine Anwendung der Methode der objektiv-hermeneutischen Textinterpretation. Zeitschrift für Soziologie, 12, 24–48.
Cicourel, A.V. (1970): Methode und Messung in der Soziologie. Frankfurt: Suhrkamp.
Cicourel, A.V. (1974): Theory and method in a study of Argentine fertility. New York: Wiley.
Cook, T.D./Campbell, D.T. (1979): Quasi-experimentation: Design and analysis issues for field settings. Chicago: Rand McNally.
Dann, H.-D./Krause, F. (1988): Subjektive Theorien: Begleitphänomene oder Wissensbasis des Lehrerhandelns bei Unterrichtsstörungen? Psychologische Beiträge, 30, 269–291.
Danner, H. (1979): Methoden geisteswissenschaftlicher Pädagogik. München: Reinhardt.
Davis, K.E. (Ed.) (1981): Advances in descriptive psychology (Vol. 1). Greenwich, CT: JAI Press.
Denzin, N.K. (1978): The research act. New York: McGraw Hill.
Denzin, N.K. (1989): Interpretive biography. London: Sage.
Denzin, N.K./Lincoln, Y.S. (Eds.) (1998): Handbook of Qualitative Research. Volume 1 bis 3. Thousand Oaks: Sage.
Devereux, G. (1967): Angst und Methode in den Verhaltenswissenschaften. München: Hauser.
Dijk, T.A.v. (1980): Macrostructures. Hillsdale, N. J.: Erlbaum.
Dilthey, W. (1957): Gesammelte Schriften, Band V. Stuttgart: Teubner.
Dreier, O. (1980): Familiales Sein und familiales Bewußtsein. Therapeutische Analyse einer Arbeiterfamilie. Frankfurt: Campus.
Eckes, T./Six, B. (1983): Prototypen und Basiskategorien zur alltagssprachlichen Kategorisierung von Objekten, Personen und Situationen. In:

Lüer, G. (Hrsg.): Bericht über den 33. Kongreß der Deutschen Gesellschaft für Psychologie in Mainz 1982, Band 1, 246–252. Göttingen: Hogrefe.

Ehlich, K./Switalla, B. (1976): Transkriptionssysteme – Eine exemplarische Übersicht. Studium Linguistik, 1, 78–105.

Eisner, E. (1991): The enlightened eye: Qualitative inquiry and the enhancement of educational practice. New York: MacMillan.

Faltermaier, T. (1989): Qualitative Methoden in Belastungs- und Gesundheitsforschung. Augsburger Berichte zur Entwicklungspsychologie und Pädagogischen Psychologie, Heft Nr. 36. Augsburg: Universität.

Festinger, L./Katz, D. (Eds.) (1966): Research methods in the behavioral sciences. New York: Holt.

Fielding, N.C./Fielding, J.L. (1986): Linking data. Sage university paper series on qualitative research methods, Vol. 4. Beverly Hills, CA: Sage.

Fielding, N.C./Lee, R.L. (1991): Using computers in qualitative research. London: Sage.

Filstead, W.J. (1970): Qualitative methodology. Chicago: Markham.

Flick, U. (1987): Methodenangemessene Gütekriterien in der qualitativ-interpretativen Forschung. In: Bergold, J.B./Flick, U. (Hrsg.): Ein-Sichten (S. 247–262). Tübingen: DGVT.

Flick, U./Kardorff, E.v./Keupp, H./Rosenstil, L.v./Wolff, S. (Hrsg.) (1991): Handbuch qualitativer Sozialforschung. München: Psychologie Verlags Union.

Flick, U./Kardorff, E.v./Steinke, I. (Hrsg.) (2000): Qualitative Forschung. Ein Handbuch. Reinbek: Rowohlt.

Foppa, K. (1986): »Typische Fälle« und der Geltungsbereich empirischer Befunde. Psychologie 45, 151–164.

Forschungsgruppe KEIN (1978): Kindergärtnerinnen – Qualifikation und Selbstbild. Weinheim: Beltz.

Friebertshäuser, B./Prengel, A. (Hrsg.) (1997): Handbuch Qualitative Forschungsmethoden in der Erziehungswissenschaft. München: Juventa.

Friedrichs, J. (1973): Methoden empirischer Sozialforschung. Reinbek: Rowohlt.

Fuchs, W. (1984): Biographische Forschung. Eine Einführung in Praxis und Methode. Opladen: Westdeutscher Verlag.

Gadamer, A.G./Boehm, G. (Hrsg.) (1976): Seminar: Philosophische Hermeneutik. Frankfurt: Suhrkamp.

Garfinkel, H. (1967): Studies in ethnomethodology. Englewood Cliffs, N. J.: Prentice-Hall.

George, A.L. (1959): Quantitative and qualitative approaches to content analysis. In: de Pool, J.S. (Ed.): Trends in content analysis (pp. 7–32). Urbana: University of Illinois Press.

Gerdes, K. (1979): Explorative Sozialforschung. Stuttgart: Enke.

Gerhardt, U. (1985): Patientenkarrieren. Frankfurt: Suhrkamp.

Gerhardt, U. (1991): Typenbildung. In: Flick, U. et al. (Hrsg.): Handbuch qualitativer Sozialforschung (S. 432–435). München: Psychologie Verlags Union.

Giddens, A. (1984): Interpretative Soziologie. Eine kritische Einführung. Frankfurt: Campus (Orig. 1976).

Giorgi, A. (1970): Psychology as human science. New York: Harper & Row.

Giorgi, A. (1975): An application of phenomenological method in psychology. In: Giorgi, A./Fischer, C./Murray, E. (Eds.): Duquesne studies in phenomenological psychology II (pp. 82–103). Pittsburg: Duquesne University Press.

Giorgi, A. (1985): Sketch of a psychological phenomenological method. In: Giorgi, A. (Ed.): Phenomenology and psychological research (pp. 8–22). Pittsburg, PA: Duquesne University Press.

Girtler, R. (1980): Vagabunden in der Großstadt. Stuttgart: Enke.

Girtler, R. (1984): Methoden der qualitativen Sozialforschung. Anleitung zur Feldarbeit. Wien: Böhlau.

Glaser, B.G. (1978): Theoretical sensitivity. Advances in the methodology of grounded theory. Mill Valley, Cal.: The Sociology Press.

Glaser, B.G./Strauss, A.L. (1979): Die Entdeckung gegenstandsbezogener Theorie: Eine Grundstrategie qualitativer Sozialforschung. In: Hopf, C./ Weingarten, E. (Hrsg.): Qualitative Sozialforschung (S. 91–111). Stuttgart: Klett (Orig. 1969).

Graumann, C. F. & Métraux, A. (1977): Die phänomenologische Orientierung in der Psychologie. In: Schneewind, K.A. (Hrsg.): Wissenschaftstheoretische Grundlagen der Psychologie (S. 27–53). München: Reinhardt.

Groeben, N. (1986): Handeln, Tun, Verhalten als Einheiten einer verstehenderklärenden Psychologie. Tübingen: Francke.

Groeben, N./Scheele, B. (1977): Argumente für eine Psychologie des reflexiven Subjekts. Darmstadt: Steinkopff.

Guba, E.G./Lincoln, Y.S. (1981): Effective evaluation: improving the usefulness of evaluation results through responsive and naturalistic approaches. San Francisco: Jossey-Bass.

Gunz, J. (1986): Handlungsforschung: Vom Wandel der distanzierten zur engagierten Sozialforschung. Wien: Braunmüller.

Haag, F./Krüger, H./Schwärzel, W./Wildt, J. (Hrsg.) (1972): Aktionsforschung. Forschungsstrategien, Forschungsfelder und Forschungspläne. München: Juventa.

Habermas, J. (1981): Theorie des kommunikativen Handelns. Bd. II: Zur Kritik der funktionalistischen Vernunft. Frankfurt: Suhrkamp.

Harding, S. (1987): Feminism and methodology: Social science issues. Bloomington, Ind.: Indiana University Press.

Hareven, T.K. (1982): Family time and industrial time. Cambridge, N. Y.: Cambridge University Press.

Haußer, K. (1982): Forschungsinteraktion und Forschungskonzeption. In: Huber, G./Mandl, H. (Hrsg.): Verbale Daten. Eine Einführung in die Grundlagen und Methoden der Erhebung und Auswertung (S. 61–78). Weinheim: Beltz.

Heckhausen, H. (1974): Leistung und Chancengleichheit. Göttingen: Hogrefe.

Heinemann, K. (1978): Arbeitslose Jugendliche. Ursachen und individuelle Bewältigung eines sozialen Problems. Darmstadt: Luchterhand.

Heinemeier, S./Robert, G. (1984): »Es bleibt also net aus, daß ma so denkt, (…) was machst eigentlich, wenn jetzt wirklich nix wird …?« Arbeitslosigkeit: Biographische Prozesse und textstrukturelle Analyse. In: Kohli, M./Robert, G. (Hrsg.): Biographie und soziale Wirklichkeit (S. 142–163). Stuttgart: Metzler.

Heiner, M. (Hrsg.) (1988): Selbstevaluation in der sozialen Arbeit. Freiburg: Lambertus.

Heinze, T. (1987): Qualitative Sozialforschung: Erfahrungen, Probleme und Perspektiven. Opladen: Westdeutscher Verlag.

Heinze, T./Klusemann, H.-W. (1979): Ein biographisches Interview als Zugang zu einer Bildungsgeschichte. In: Baacke, D./Schule, T. (Hrsg.): Aus Geschichten lernen (S. 182–225). München: Juventa.

Heinze, T./Klusemann, H.-W. (1980): Versuch einer sozialwissenschaftlichen Paraphrasierung am Beispiel des Ausschnittes einer Bildungsgeschichte. In: Heinze, T. et al.: Interpretation einer Bildungsgeschichte. Überlegungen zur sozialwissenschaftlichen Hermeneutik (S. 97–152). Bensheim: Päd. extra.

Heinze, T./Thiemann, F. (1982): Kommunikative Validierung und das Problem der Geltungsbegründung. Zeitschrift für Pädagogik, 28, 635–642.

Heinze, T./Klusemann, H.-W./Soeffner, H.G. (Hrsg.) (1980): Interpretation einer Bildungsgeschichte. Überlegungen zur sozialwissenschaftlichen Hermeneutik. Bensheim: Päd. extra.

Heinze, T./Müller, E./Stickelmann, B./Zinnecker, H. (Hrsg.) (1975): Handlungsforschung im pädagogischen Feld. München: Juventa.

Heller, K./Rosemann, B. (1974): Planung und Auswertung empirischer Untersuchungen. Stuttgart: Klett.

Hellemans, M./Smeyers, P. (Hrsg.): Phänomenologische Pädagogik: Methodologische und theoretische Ansätze. Leuven: Acco.

Herrmann, U. (1987): Biographische Konstruktionen und das gelebte Leben. Prolegomena zu einer Biographie- und Lebenslaufforschung in pädagogischer Absicht. Zeitschrift für Pädagogik, 33, 303–323.

Hildenbrand, B./Müller, H./Beyer, B./Klein, D. (1984): Biographiestudien im Rahmen von Milieustudien. In: Kohli, M./Robert, G. (Hrsg.): Biographie und soziale Wirklichkeit (S. 29–52). Stuttgart: Metzler.

Hirsch, E.D. (1967): Validity in interpretation. New Haven, Conn.: University Press.

Hoffmann-Riem, C. (1980): Die Sozialforschung einer interpretativen Soziologie. Kölner Zeitschrift für Soziologie und Sozialpsychologie, 32, 339–372.
Holzkamp, K. (1983): Grundlegung der Psychologie. Frankfurt: Campus.
Hommers, W. (1987): Anti-Typen: Zur psychologischen Validität eines methodischen Konstrukts der Konfigurationsfrequenzanalyse. Diagnostica, 33, 301–318.
Hopf, C./Weingarten, E. (Hrsg.) (1979): Qualitative Sozialforschung. Stuttgart: Klett.
Huber, G.L. (Hrsg.) (1992): Qualitative Analyse. München: Oldenbourg Verlag.
Hubig, C. (1987): Idiographische und nomothetische Forschung in wissenschaftstheoretischer Sicht. In: Jüttemann, G./Thomae, H. (Hrsg.): Biographie und Psychologie (S. 64–72). Berlin: Springer.
Isaac, S./Michael, W.B. (1971): Handbook in research and evaluations. San Diego: Knapp.
Jaeger, R.M. (Ed.) (1988): Complementary methods for research in education. Washington, DC: AERA.
Jahoda, M./Lazarsfeld, D.F./Zeisel, H. (1933): Die Arbeitslosen von Marienthal. Frankfurt: Suhrkamp (2. Auflage 1978).
Jaspers, K. (1912): Die phänomenologische Forschungsrichtung in der Psychopathologie. Zeitschrift für die gesamte Neurologie und Psychiatrie, 9, 391–408.
Jick, T. (1983): Mixing qualitative and quantitative methods: Triangulation in action. In: Maanen, J.v. (Ed.): Qualitative Methodology (pp. 135–148). London: Sage.
Jüttemann, G. (1985a): Induktive Diagnostik als gegenstandsangemessene psychologische Grundlagenforschung. In: Jüttemann, G. (Hrsg.): Qualitative Forschung in der Psychologie (S. 45–70). Weinheim: Beltz.
Jüttemann, G. (Hrsg.) (1985b): Qualitative Forschung in der Psychologie. Grundfragen, Verfahrensweisen, Anwendungsfelder. Weinheim: Beltz.
Jüttemann, G. (1986): Vorbemerkungen des Herausgebers. In: Jüttemann, G. (Hrsg.): Die Geschichtlichkeit des Seelischen. Der historische Zugang zum Gegenstand der Psychologie (S. 7–27). Weinheim: Beltz.
Jüttemann, G./Thomae, H. (Hrsg.) (1987): Biographie und Psychologie. Berlin: Springer.
Kallmeyer, W./Schütze, F. (1976): Konversationsanalyse. Studium Linguistik, 1, 1–28.
Kerlinger, F. M. (1975–1979): Grundlagen der Sozialwissenschaften. Weinheim: Beltz (2 Bände).
Kiefl, W./Lamnek, S. (1984): Qualitative Methoden in der Marktforschung. Planung und Analyse, 11, 474–480.
Kieselbach, T./Wacker, A. (Hrsg.) (1985): Individuelle und gesellschaftliche Kosten der Massenarbeitslosigkeit. Psychologische Theorie und Praxis. Weinheim: Beltz.

Kirk, J./Miller, M.L. (1986): Reliability and validity in qualitative research. Sage university paper series on qualitative research methods, Vol. 1. Beverly Hills, Cal.: Sage.

Klafki, W. (1976): Historisch-methodologische Problemskizzen zur kritisch-konstruktiven Erziehungswissenschaft. In: Klafki, W.: Aspekte kritisch-konstruktiver Erziehungswissenschaft (S. 11–55). Weinheim: Beltz.

Klages, H. (1969): Geschichte der Soziologie. München: Juventa.

Kleining, G. (1982): Umriß zu einer Methodologie qualitativer Sozialforschung. Kölner Zeitschrift für Soziologie und Sozialpsychologie, 34, 224–253.

Kleining, G. (1986): Das qualitative Experiment. Kölner Zeitschrift für Soziologie und Sozialpsychologie, 38, 724–750.

Klüver, J. (1979): Kommunikative Validierung – einige vorbereitete Bemerkungen zum Projekt »Lebensweltanalyse von Fernstudenten«. In: Heinze, T. (Hrsg.): Theoretische und methodologische Überlegungen zum Typus hermeneutisch-lebensgeschichtlicher Forschung (S. 69–84). Werkstattbericht FernUniversität Hagen.

Kockelmans, J.J. (Ed.) (1987): Phenomenological psychology. The Dutch school. Dordrecht: Nijhoff.

Köckeis-Stangl, E. (1980): Methoden der Sozialisationsforschung. In: Hurrelmann, K./Ulich, D. (Hrsg.): Handbuch der Sozialisationsforschung (S. 321–370). Weinheim: Beltz.

König, E./Zedler, P. (Hrsg.) (1995): Bilanz qualitativer Forschung. Weinheim: Deutscher Studien Verlag.

Kohli, M. (1978): »Offenes« und »geschlossenes« Interview: Neue Argumente zu einer alten Kontroverse. Soziale Welt, 29, 1–25.

Kracauer, S. (1952): The challenge of qualitative content analysis. Public Opinion Quarterly, 16, 631–642.

Krapp, A./Prell, S. (1975): Studienhefte zur Erziehungswissenschaft 5: Empirische Forschungsmethoden. München: Oldenburg.

Krapp, A./Prenzel, M. (Hrsg.) (1992): Interesse, Lernen, Leistung. Neuere Ansätze der pädagogisch-psychologischen Interessenforschung. Münster: Aschendorff.

Krippendorff, K. (1980): Content analysis. An introduction to its methodology. Beverly Hills: Sage.

Kvale, S. (1988): Validity in the qualitative research interview. In: Koning, A. de (Ed.): Research methodology in psychology: The qualitative perspective. Pittsburg: Duquesne University Press.

Lamnek, S. (1988): Qualitative Sozialforschung. Band 1: Methodologie. München: Psychologie Verlags Union.

Lamnek, S. (1989): Qualitative Sozialforschung. Band 2: Methoden und Techniken. München: Psychologie Verlags Union.

Langer, J. (1985): Das persönliche Gespräch als Weg in der psychologischen Forschung. Zeitschrift für personenzentrierte Psychologie und Psychotherapie, 4, 447–457.

Laucken, U. (1989): Denkformen der Psychologie: Dargestellt am Entwurf einer Logographie der Gefühle. Bern: Huber.

Lehr, U. (1984): Psychologie des Alterns. Heidelberg: Quelle & Meyer (5. durchgesehene Auflage).

Leithäuser, T./Volmerg, B. (1979): Anleitung zur Empirischen Hermeneutik. Psychoanalytische Textinterpretation als sozialwissenschaftliches Verfahren. Frankfurt: Suhrkamp.

Leithäuser, T./Volmerg, B./Salje, G./Volmerg, U./Wutka, B. (1977): Entwurf zu einer Empirie des Alltagsbewußtseins. Frankfurt: Suhrkamp.

Lewin, K. (1933): Der Übergang von der aristotelischen zur galileischen Denkweise in Biologie und Psychologie. Erkenntnis, 1, 421–466.

Lewin, K. (1982): Aktionsforschung und Minderheitenprobleme. Kurt-Lewin-Gesamtausgabe, Bd. 7. (Hrsg.: C.-F. Graumann). Bern: Huber.

Lienert, G.A. (1961): Testaufbau und Testanalyse. Weinheim Beltz (3. Auflage 1969).

Linde, G. (1984): Untersuchungen zum Konzept der Ganzheit in der deutschen Schulpädagogik. Frankfurt: Lang.

Lisch, R./Kriz, J. (1978): Grundlagen und Modelle der Inhaltsanalyse. Reinbek: Rowohlt.

Lorenzer, A. (1986): Tiefenhermeneutische Kulturanalyse. In: Lorenzer, A. (Hrsg.): Kulturanalysen (S. 11–98). Frankfurt: Fischer.

Lyons, W. (1986): The disappearance of introspection. Cambridge, Mass.: MIT Press.

Maiers, W./Markard, M. (Hrsg.) (1987): Kritische Psychologie als Subjektwissenschaft. Frankfurt: Campus.

Malinowski, B. (1979–1986): Schriften in 4 Bänden. Frankfurt: Syndikat.

Mandl, H. (Hrsg.) (1981): Zur Psychologie der Textverarbeitung. Ansätze, Befunde, Probleme. München: Urban & Schwarzenberg.

Mangold, W. (1960): Gegenstand und Methode des Gruppendiskussionsverfahrens. Frankfurt: Europäische Verlagsanstalt.

Manning, P.K. (1982): Analytic induction. In: Smith, R.B./Manning, P.K. (Eds.): Qualitative methods (pp. 273–302). Cambridge Mass.: Ballinger.

Markard, M. (1991): Methodik subjektwissenschaftlicher Forschung: Jenseits des Streits um quantitative und qualitative Verfahren. Hamburg: Argument.

Mayntz, R./Holm, K./Hübner, P. (1972): Einführung in die Methoden der empirischen Soziologie. Opladen: Westdeutscher Verlag.

Mayring, P. (1989): Die qualitative Wende. Grundlagen, Techniken und Integrationsmöglichkeiten qualitativer Forschung in der Psychologie. In:

Schönpflug, W. (Hrsg.): Bericht über den 36. Kongreß der DGfPs in Berlin (S. 306–313). Göttingen: Hogrefe.

Mayring, P. (1991a): Psychologie. In: Flick, U./Kardorff, E.v./Keupp, H./Rosenstil, L.v./Wolff, S. (Hrsg.): Handbuch qualitativer Sozialforschung (S. 33–36): München: Psychologie Verlags Union.

Mayring, P. (1991b): Psychologie des Glücks. Stuttgart: Kohlhammer.

Mayring, P. (2000): Qualitative Inhaltsanalyse. Grundfragen und Techniken. Weinheim: Deutscher Studien Verlag (7. Auflage).

Mayring, P. (2001): Kombination und Integration qualitativer und quantitativer Analyse (auch in Englisch und Spanisch). Forum Qualitative Sozialforschung, Volume 2, No. 1 (www.qualitative-research.net/fqs).

Mayring, P./Faltermeier, T./Ulich, D. (1987): Erträgnisse biographischer Forschung in der Sozialpsychologie. In: Jüttemann, G./Thomae, H. (Hrsg.): Biographie und Psychologie (S. 266–276). Berlin: Springer.

McNiff, J. (1988): Action research: principles and practice. London: Macmillan.

Merten, K. (1983): Inhaltsanalyse. Einführung in Theorie, Methode und Praxis. Opladen: Westdeutscher Verlag.

Mertens, W. (1975): Sozialpsychologie des Experiments. Hamburg: Hoffmann & Campe.

Merton, R.K./Kendall, P.L. (1979): Das fokussierte Interview. In: Hopf, C./Weingarten, E. (Hrsg.): Qualitative Sozialforschung (S. 171–204). Stuttgart: Klett-Cotta.

Métraux, A. (1985): Der Methodenstreit und die Amerikanisierung der Psychologie in der Bundesrepublik 1950–1970. In: Ash, M.G./Geuter, U. (Hrsg.): Geschichte der deutschen Psychologie im 20. Jahrhundert (S. 225–251). Opladen: Westdeutscher Verlag.

Miles, M.B./Hubermann, A.M. (1984): Qualitative data analysis. A sourcebook of new methods. Beverly Hills: Sage.

Milz, H. (1985): Die ganzheitliche Medizin: Neue Wege zur Gesundheit. Königsstein: Athenäum.

Mollenhauer, K./Rittelmeyer, C. (1977): Methoden der Erziehungswissenschaft. München: Juventa.

Moser, H. (1977): Methoden der Aktionsforschung. München: Kösel.

Nießen, M. (1977): Gruppendiskussion. München: Fink:

Oevermann, U./Allert, T./Konau, E./Krambeck, J. (1979): Die Methodologie einer »objektiven Hermeneutik« und ihre allgemeine forschungslogische Bedeutung in den Sozialwissenschaften. In: Soeffner, H.-G. (Hrsg.): Interpretative Verfahren in den Sozial- und Textwissenschaften (S. 352–434). Stuttgart: Metzler.

Oevermann, U./Allert, T./Konau, E. (1980): Zur Logik der Interpretation von Interviewtexten: Fallanalyse anhand eines Interviews mit einer Fernstudentin. In: Heinze, T. et al. (Hrsg.): Interpretation einer Bildungsgeschichte (S. 15–69). Bensheim: Päd. extra.

Ostner, J. (1987): Scheu vor der Zahl? Die qualitative Erforschung von Lebenslauf und Biographie als Element einer feministischen Wissenschaft. In: Voges, W. (Hrsg.): Methoden der Biographie- und Lebenslaufforschung (S. 103–124). Opladen: Leske.

Patry, J.-L. (Hrsg.) (1982): Feldforschung. Methoden und Probleme sozialwissenschaftlicher Forschung unter natürlichen Bedingungen. Bern: Huber.

Patton, M.Q. (1980): Qualitative evaluation methods. Beverly Hills: Sage.

Paul, S. (1979): Begegnungen. Zur Geschichte persönlicher Dokumente in Ethnologie, Soziologie und Psychologie, 2 Bände. Hohenschäftlarn: Renner.

Peukert, R. (1984): Gesprächshermeneutik. Gruppendiskussion als Methode zur Rekonstruktion der Lebenswelt von Lehrlingen. Band 1. Frankfurt: Extrabuch.

Pfaffenberger, B. (1988): Microcomputer applications in qualitative research. Beverly Hills, CA: Sage.

Polkinghorne, D. (1983): Methodology for the human sciences: Systems of inquiry. Albany: State University of New York Press.

Pollok, F. (Hrsg.) (1955): Gruppenexperiment. Frankfurt: Europäische Verlagsanstalt.

Popper, K.R. (1984): Logik der Forschung. Tübingen: Mohr (8. Auflage).

Rabinow, P./Sullivan, W.M. (1979): The interpretive turn: Emergence of an approach. In Rabinow, P. (Ed.): Interpretive social science (pp. 1–24). Berkeley: University of California Press.

Richter, H. (1973): Grundsätze und System der Transkription – IPA (G)PHONAI, Bd. 3. Tübingen: Niemeyer.

Riedel, M. (1978): Verstehen oder Erklären? Stuttgart: Klett.

Ritsert, J. (1972): Inhaltsanalyse und Ideologiekritik. Ein Versuch über kritische Sozialforschung. Frankfurt: Athenäum.

Röckelein, H. (Hrsg.) (1993): Biographie als Geschichte. Forum Psychohistorie Band 1. Tübingen: Diskord.

Runyan, W.M. (1980): The life satisfaction chart: perceptions of the course of subjective experience. International Journal of Aging and Human Development, 11, 45–64.

Rust, H. (1980): Qualitative Inhaltsanalyse – begriffslose Willkür oder wissenschaftliche Methode? Ein theoretischer Entwurf. Publizistik, 25, 5–23.

Rust, H. (1981): Methoden und Probleme der Inhaltsanalyse. Eine Einführung. Tübingen: Narr.

Sahner, H. (1982): Theorie und Forschung. Zur paradigmatischen Struktur der westdeutschen Soziologie und zu ihrem Einfluß auf die Forschung. Opladen: Westdeutscher Verlag.

Säljo, R. (Ed.) (1993): Learning discourse: Qualitative research in education. Special issue of International Journal of Educational Research, 19 (3): 1993.

Scheele, B./Groeben, N. (1988): Dialog-Konsens-Methoden zur Rekonstruktion subjektiver Theorien. Tübingen: Francke.

Schiefele, H./Haußer, K./Schneider, G. (1979): Interesse als Ziel und Weg der Erziehung. Überlegungen zu einem vernachlässigten pädagogischen Konzept. Zeitschrift für Pädagogik, 25, 1–20.

Schindler, H./Wetzels, P. (1985): Subjektive Bedeutung familiärer Arbeitslosigkeit bei Schülern in einem Bremer Stadtteil. In: Kieselbach, T./Wacker, A. (Hrsg.): Individuelle und gesellschaftliche Kosten der Massenarbeitslosigkeit (S. 120–138). Weinheim: Beltz.

Schmalt, H.-D. (1976): Die Messung des Leistungsmotivs. Göttingen: Hogrefe.

Schneider, G. (1985): Strukturkonzept und Interpretationspraxis der objektiven Hermeneutik. In: Jüttemann, G. (Hrsg.): Qualitative Forschung in der Psychologie (S. 71–91). Weinheim: Beltz.

Schorr, A. (Hrsg.) (1994): Die Psychologie und die Methodenfrage. Göttingen: Hogrefe.

Schrader, A. (1971): Einführung in die empirische Sozialforschung. Stuttgart: Kohlhammer.

Schratz, M. (Ed.) (1993): Qualitative voices in educational research. London: Falmer.

Schroots, J.J.F. (1984): The affective consequences of technological change for older persons. In: Robinson, P.K./Livingston, J./Birren, J.E. (Eds.): Aging and technological advances (pp. 237–247). New York: Plenum.

Schütze, F. (1977): Die Technik des narrativen Interviews in Interaktionsfeldstudien – dargestellt an einem Projekt zur Erforschung von kommunalen Machtstrukturen. Arbeitsberichte und Materialien Nr. 1. Bielefeld: Fakultät für Soziologie.

Schulz-Gambard, J./Balz, H.-J. (1988): Schicksal arbeitslos. Ein Überblick über die Ergebnisse angewandt-sozialpsychologischer Forschung zu den Folgen und Einflußfaktoren bei Arbeitslosigkeit. Gruppendynamik, 19, S. 239–273.

Schwarz, H./Jacobs, J. (1979): Qualitative sociology. A method to the madness. New York: Free Press.

Shulman, J.H. (Ed.) (1992): Case methods in teacher education. New York: Teachers College Press.

Silverman, D. (1985): Qualitative methodology and sociology. Describing the social world. Aldershot: Gower.

Sommer, J. (1987): Dialogische Forschungsmethoden. Qualitative Sozialwissenschaften. München: Psychologie Verlags Union.

Spöhring, W. (1989): Qualitative Sozialforschung. Stuttgart: Teubner.

Stern, P.N. (Ed.) (1986): Women, health, and culture. Washington: Hemisphere.

Störig, H.J. (1950): Kleine Weltgeschichte der Philosophie. Stuttgart: Kohlhammer.

Straub, J. (1989): Historisch-psychologische Biographieforschung. Heidelberg: Asanger.

Strauss, A.L. (1987): Qualitative analysis for social scientists. Cambridge: University of Cambridge Press.

Strauss, A./Corbin, J. (1990): Basics of qualitative research. Grounded theory procedures and techniques. Newbury Park, CAL: Sage.

Strehmel, P. (1989): Arbeitslosigkeit und Biographie. Bericht über eine Längsschnittstudie mit jungen Erwachsenen. Augsburger Berichte zur Entwicklungspsychologie und Pädagogischen Psychologie, Nr. 35. Augsburg: Universität.

Terhart, E. (1979): Ethnographische Schulforschung in den USA. Ein Literaturbericht. Zeitschrift für Pädagogik, 25, 291–306.

Terhart, E. (1981): Intuition-Interpretation-Argumentation. Zeitschrift für Pädagogik, 27, 769–793.

Tesch, R. (1992): Verfahren der computerunterstützten qualitativen Analyse. In: Huber, G.L. (Hrsg.): Qualitative Analyse (S. 43–70). München: Oldenbourg Verlag.

Thomae, H. (1977): Psychologie in der modernen Gesellschaft. Hamburg: Hoffmann & Campe.

Thomae, H. & Petermann, F. (1983): Biographische Methode und Einzelfallanalyse. In C. F. Graumann et al. (Hrsg.): Enzyklopädie der Psychologie, Bd. I, 2: Datenerhebung (S. 362–400). Göttingen: Hogrefe.

Titzmann, M. (1977): Strukturale Textanalyse. Theorie und Praxis der Interpretation. München: Fink.

Ulich, D. (1972): Probleme und Möglichkeiten erziehungswissenschaftlicher Theoriebildung. In: Ulich, D. (Hrsg.): Theorie und Methode der Erziehungswissenschaft, S. 13–88. Weinheim: Beltz.

Ulich, D./Haußer, K./Mayring, P./Strehmel, P./Kandler, M./Degenhardt, B. (1985): Psychologie der Krisenbewältigung. Eine Längsschnittuntersuchung mit Arbeitslosen. Weinheim: Beltz.

Vico, G. (1924): Die neue Wissenschaft über die gemeinschaftliche Natur der Völker. München: Allgemeine Verlagsanstalt (Original 1744).

Volmerg, U. (1983): Validität im interpretativen Paradigma. In: Zedler, P./Moser, H. (Hrsg.): Aspekte qualitativer Sozialforschung (S. 124–143). Opladen: Leske.

Volmerg, B./Volmerg, U./Leithäuser, T. (1983): Kriegsängste und Sicherheitsbedürfnisse. Zur Sozialpsychologie des Ost-West-Konflikts im Alltag. Frankfurt: Fischer.

Vorländer, H. (Hrsg.) (1990): Oral history. Mündlich erfragte Geschichte. Göttingen: Vandenhoeck.

Wahl, K./Honig, M.-S./Gravenhorst, L. (1982): Wissenschaftlichkeit und Interessen: Zur Herstellung subjektivitätsorientierter Sozialforschung. Frankfurt: Suhrkamp.

Webb, E.J./Campbell, D.T./Schwartz, R.D./Sechrest, L. (1975): Nichtreaktive Meßverfahren. Weinheim: Beltz.

Weinberg, M.S./Williams, C.J. (1973): Soziale Beziehungen zu devianten Personen bei der Feldforschung. In: Friedrichs, F. (Hrsg.): Teilnehmende Beobachtung abweichenden Verhaltens (S. 83–108). Stuttgart: Enke.

Weingarten, E./Sack, F./Schenkein, J. (Hrsg.) (1976): Ethnomethodologie – Beiträge zu einer Soziologie des Alltagshandelns. Frankfurt: Suhrkamp.

Whyte, W.F. (1984): Street corner society. Chicago: The University of Chicago Press.

Wiedemann, P.M. (1985): Deutungsmusteranalyse. In: Jüttemann, G. (Hrsg.): Qualitative Forschung in der Psychologie (S. 212–226). Weinheim: Beltz.

Wiedemann, P.M. (1986): Erzählte Wirklichkeit. Zur Theorie und Auswertung narrativer Interviews. Weinheim: Psychologie Verlags Union.

Wilson, T.P. (1970): Normative and interpretative paradigms in sociology. In: Douglas, J.D. (Ed.): Understanding everyday life. London: Routledge.

Wittkowski, J. (1994): Das Interview in der Psychologie. Interviewtechnik und Codierung von Interviewmaterial. Opladen: Westdeutscher Verlag.

Witzel, A. (1982): Verfahren der qualitativen Sozialforschung. Überblick und Alternativen. Frankfurt: Campus.

Witzel, A. (1985): Das problemzentrierte Interview. In: Jüttemann, G. (Hrsg.): Qualitative Forschung in der Psychologie (S. 227–256). Weinheim: Beltz.

Wolcott, H.W. (1988): Ethnographic research in education. In: Jaeger, R.M. (Ed.): Complementary methods for research in education (pp. 187–210). Washington: AERA.

Wottawa, H./Thierau, H. (1990): Lehrbuch Evaluation. Bern: Huber.

Wright, G.H.v. (1974): Erklären und Verstehen. Frankfurt: Athenäum.

Zedler, P./Moser, H. (Hrsg.) (1983): Aspekte qualitativer Sozialforschung. Opladen: Leske.

Zwirner, E./Bethge, W. (1958): Erläuterungen zu den Texten, Lautbibliothek der deutschen Mundarten. Göttingen: Vandenhoeck.

Personenregister

Achtenhagen, F. 11
Adorno, T.W. 14, 30, 33
Albrecht, G. 48
Altrichter, H. 53
Andrew, W.K. 61
Arbeitsgruppe Bielefelder Soziologen 10
Argyris, C. 23
Aristoteles 12, 58
Arnold, R. 112
Aschenbach, G. 37
Aster, R. 80
Atteslander, P. 47, 49
Baßler, W. 33
Bachmair, B. 11
Ballstaedt, S.-P. 47, 95
Balz, H.-J. 41
Barton, A.H. 104–105
Becker, H.S. 56, 103, 142, 145
Becker-Schmidt, R. 11
Bennet, J. 20
Berelson, B. 114
Bergold, J.B. 17, 20–21
Bertaux, D. 42
Bethge, W. 89
Betti, E. 13
Bilden, H. 11
Blumer, H. 10, 32
Boehm, G. 13
Boring, E.G. 31
Brandt, A.v. 48
Brent, E. 135
Bromley, D.B. 10, 43, 143
Bronfenbrenner, U. 61
Bühler, C. 86
Bungard, W. 47

Burgess, R.C. 17, 56, 80
Burkart, G. 124
Büttemeyer, W. 17
Campbell, D.T. 60
Carnap, R. 14
Cicourel, A.V. 10, 46, 67
Cook, T.D. 60
Corbin, J. 103
Dann, H.-D. 86
Danner H. 108
Danner, H. 30
Davis, K.E. 21
Denzin, N.K. 7, 10, 147
Devereux, G. 32
Dijk, T.A.v. 95
Dilthey, W. 13–14, 16, 21
Dreier, O. 11
Eckes, T. 118
Ehlich, K. 89–90
Faltermaier, T. 8, 11, 44
Festinger, L. 46
Fielding, J.L. 147
Fielding, N.C. 135, 147
Filstead, W.J. 10
Flick, U. 7, 10, 17, 20–21, 37, 41, 78, 80, 131, 140, 144, 146
Foppa, K. 130–131
Forschungsgruppe KEIN 77–78
Friedrichs, J. 40, 57
Fuchs, W. 10, 41, 43–44
Gadamer, A.G. 13
Garfinkel, H. 60
Geer, B. 56, 142, 145
George, A.L. 114
Gerdes K. 10
Gerhardt, U. 130

Giddens, A. 37
Giorgi, A. 16, 21, 107–108
Girtler, R. 37, 54–56, 80
Glaser, B.G. 103, 105
Graumann, C.F. 107, 109
Groeben, N. 17, 86, 147
Gunz, J. 50
Haag, F. 17, 53
Habermas, J. 13, 150
Harding, S. 11
Hareven, T.K. 20
Haußer, K. 40
Heckhausen, H. 20
Heidegger, M. 13, 107
Heinemann, K. 50
Heinemeier, S. 46, 75, 133
Heiner, M. 63
Heinze, T. 9, 17–18, 35, 51, 53, 109, 111–113, 140, 147
Hellemans, M. 107
Heller, K. 40
Herrmann, U. 42
Hildenbrand, B. 107
Hirsch, E.D. 140, 145
Hoffmann-Riem, C. 27, 32
Holm, K. 40
Holzkamp, K. 11, 21, 34
Hommers, W. 43
Hopf, C. 9
Huber, G.L. 135, 137–138
Hubermann, A.M. 87, 105
Hubig, C. 16, 37, 41
Hübner, P. 40
Isaac, S. 40
Jacobs, J. 10
Jahoda, M. 54, 57–58, 61, 83, 102, 105
Jaspers, K. 107
Jick, T. 147
Jüttemann, G. 10, 17, 34, 37, 42–43, 112
Kallmeyer, W. 92–93
Kardorff, E.v. 7, 10

Katz, D. 46
Kendall, P.L. 67
Kerlinger, F.M. 140
Keupp, H. 8, 10
Kiefl, W. 11
Kieselbach, T. 41, 88
Kirk, J. 140, 144–145
Klafki, W. 17
Klages, H. 15
Kleining, G. 30, 58–59, 61
Klusemann, H.-W. 109, 112
Klüver, J. 147
Köckeis-Stangl, E. 148
Kockelmans, J.J. 107
Kohli, M. 42, 68
Kracauer, S. 114
Krapp, A. 21, 40
Krause, F. 86
Krippendorf, K. 114–115
Kriz, J. 49, 114
Kvale, S. 140, 144
Labov, W. 73
Lamnek, S. 9, 11, 41, 66, 130
Langer, J. 66
Laucken, U. 37
Lazarsfeld, D.F. 54, 57, 61, 83, 102
Lazarsfeld, P.F. 104–105
Lehr, U. 34
Leithäuser, T. 77, 126–128, 130, 133
Lewin, K. 12, 50
Lienert, G.A. 140–141
Linde, G. 33
Lindemann, E.C. 81
Lisch, R. 49, 114
Lorenzer, A. 126
Lück, H.E. 47
Lyons, W. 31
Maiers, W. 21
Malinowski, B. 81
Mandl, H. 95
Mangold, W. 77
Manning, P.K. 37
Markard, M. 11, 21

Mayntz, R.   40
Mayring, P.   7, 9, 11, 22, 44, 95–98, 114–115, 117–118, 122
McNiff, J.   53
Merkens, H.   80
Merleau-Ponty, M.   107
Merten, K.   49, 114
Mertens, W.   23, 58
Merton, R.K.   67
Métraux, A.   16, 107, 109
Michael, W.B.   40
Miles, M.B.   87, 105
Miller, M.L.   140, 144–145
Milz, H.   21
Mohn, E.   11
Mollenhauer, K.   91, 101
Moser, H.   9, 17, 51–52
Müller-Doom, S.   11
Nießen, M.   77
Oevermann, U.   121, 123–125, 146
Ostner, J.   11
Patry, J.-L.   54–56, 60
Patton, M.Q.   11, 17, 62
Paul, S.   10, 41, 43
Petermann, F.   45
Peukert, R.   77
Pfaffenberger, B.   135
Polkinghorne, D.   16
Pollock, F.   77
Popper, K.R.   14, 36, 104
Prell, S.   40
Prenzel, M.   21
Rabinow, P.   10
Repp, M.   80
Richter, H.   89
Riedel, M.   13
Ritsert, J.   114
Rittelmeyer, C.   91, 101
Robert, G.   46, 75, 133
Rosemann, B.   40
Rosenstil, L.v.   10
Runyan, W.M.   86
Rust, H.   49, 114

Sack, F.   10
Sahner, H.   15
Säljo, R.   21
Sartre, J.P.   107
Scheele, B.   86, 147
Scheler, M.   107
Schenkein, J.   10
Schiefele, H.   21
Schindler, H.   79
Schlick, A.   14
Schmalt, H.-D.   20
Schneider, G.   121, 124
Schrader, A.   40
Schroots, J.J.F.   86
Schultz-Gambard, J.   41
Schütz, A.   107
Schütze, F.   72, 92–93
Schwarz, W.   10
Shulman, J.H.   42
Silverman, D.   10
Six, B.   118
Smeyers, P.   107
Sommer, J.   147
Spöhring, W.   9
Steinke, I.   7
Stern, P.N.   11
Störig, H.J.   12
Straub, J.   10
Strauss, A.L.   100, 103–104
Strehmel, P.   71
Sullivan, W.M.   10
Switalla, B.   89–90
Terhart, E.   35, 55, 140, 145
Tesch, R.   135
Thiemann, F.   147
Thierau, H.   62
Thomae, H.   10, 16–17, 42–43, 45
Titzmann, M.   95
Ulich, D.   8, 30, 44, 71, 97, 118, 121, 133
Vico, G.   12–13
Volmerg, B.   77, 126
Volmerg, U.   140

Wacker, A. 88
Wahl, K. 97
Webb, E.J. 47
Weinberg, M.S. 56
Weingarten, E. 9–10
Wetzels, P. 79
Whyte, W.F. 54, 81
Wiedemann, P.M. 72–73, 112
Williams, C.J. 56
Wilson, T.P. 10

Wittkowski, J. 66
Witzel, A. 17, 35, 67–68, 150
Wolcott, H.W. 55
Wolff, S. 10
Wottawa, H. 62
Wright, G.H.v. 12
Zedler, P. 7, 9, 51
Zeisel, H. 54, 57, 61, 83, 102, 105
Zwirner, E. 89

Sachregister

Alltag 22, 63, 72, 77, 146
Analyse
  –, phänomenologische 107–108
  –, typologische 130
Bedeutung 14, 32–33, 66, 73, 77, 107, 147
Bedeutungseinheit 94, 96
Beobachtung
  –, alltägliche 10
  –, teilnehmende 54, 66, 80–81
  –, unstrukturierte 10, 52
Beschreibung 21–22, 24, 85, 99
Biografie 41, 43–44, 46, 55
Biografieforschung 10, 15
Darstellungsmittel 85–88, 99
Denken, qualitatives 9, 12, 14, 19–20, 24–25, 31, 34, 37–38, 40, 149–150
Design 40–41
Deskription 55, 85, 100–101, 103
Deutungsmusteranalyse 112
Diskurs 51
Dokumentenanalyse 46–50, 52
Einzelfall 25, 27, 114
Ethnomethodologie 10, 60
Evaluationsforschung 17, 62–63
Experiment 15, 52, 58
  –, ökologisches 61
  –, qualitatives 58–61, 108
Explikation 117–118
Feldforschung 54–57, 80, 104, 106, 142–143
Feldnotizen 82
Forscher-Gegenstands-Interaktion 25
Fragebogen 15, 17, 52, 69
Frauenforschung 11
Ganzheitlichkeit 33
Geisteswissenschaft 13–14, 21
Gesellschaftstheorie, kritische 33
Gesundheitsforschung 11, 131
grounded theory 103
Gruppendiskussion 66, 76–78, 128
Gültigkeit 24, 35, 44, 49, 112, 140
Gütekriterium 140–142
Handlungsforschung 17, 35
Hermeneutik 13, 22, 29–30, 110
  –, objektive 121, 124, 147
Historizität 24, 34
Hypothesengeleitetheit 28
Induktion 36
Inhaltsanalyse 52, 114–115
  –, qualitative 94, 114–115, 118, 133
Intensivinterview 66
Interaktionismus, symbolischer 10, 32
Interpretation 10, 13, 22, 44, 49, 145
Interview
  –, biografisches 18, 46
  –, fokussiertes 66–67
  –, narratives 46, 67
  –, offenes 66
  –, problemzentriertes 66–68
Introspektion 31
Kategorie 100, 119–120, 137
Kategoriensystem 96, 101, 114, 120
Kodierleitfaden 119
Kodierregel 119
Komplexität 42
Kontext 41, 61, 99, 114, 123

Kontrolle 25, 29, 135
Krisenexperiment 60
Lebenslinientechnik 86
Leitfaden 67
Paraphrase 111
–, sozialwissenschaftlich-hermeneutische 109, 111
Praxisorientierung 35
Probelauf 101
Proposition 95
Protokollierung 88
Prozessorientierung 68
Psychologie
–, beschreibende 14
–, kritische 11, 35
Quantifizierung 9, 37–38
Quellenkritik 48
Rationalismus, kritischer 36, 104
Regelbegriff 25, 37
Regelgeleitetheit 145
Relevanz 147
Reliabilität 140
Repräsentativität 23
Skalierung 118
Struktur 58–60, 127
Strukturierung 28, 97, 120
Strukturlegetechnik 86

Subjekt 20, 32–33, 50, 108, 150
Subjektbezogenheit 19
Test 9, 16–17, 52
Textinterpretation,
 psychoanalytische 126–128, 133–134, 147
Theorie 28, 111, 128
–, gegenstandsbezogene 103, 106
Theoriegeleitetheit 70–71, 81, 100, 120
Tiefeninterview 66
Transkription 89
Triangulation 147
Typus 15, 43, 118
Unterrichtsforschung 11
Untersuchungsplan 40
Validierung,
 kommunikative 112–113, 147
Verallgemeinerbarkeit 23, 70, 82, 140, 149
Verallgemeinerung 35–36, 38, 73, 95, 100
Verstehen 14
Vorverständnis 25, 29, 38, 110, 144–145
Zusammenfassung 94

Reihe »Beltz Studium«

Wolfgang Frindte
**Einführung
in die Kommunikationspsychologie**
232 Seiten. Broschiert.
ISBN 3-407-25254-4

Eine Einführung in die Grundlagen der Kommunikationspsychologie und ihre Anwendungen.

Kommunikationspsychologie befasst sich mit der Kommunikation zwischen unterschiedlich komplexen personalen und sozialen Systemen. Dabei geht es z.B. um den sprachlichen und nichtsprachlichen Austausch in Zweierbeziehungen, um Gruppenkommunikation, um interkulturelle und medial vermittelte (mediierte) Kommunikation.

»Die Kommunikationspsychologie ist eine noch sehr junge Disziplin, die die psychologischen Grundlagen des kom-munikativen Austauschs in Paarbeziehungen, Gruppen, Institutionen und in übergreifenden gesellschaftlichen Zusammenhängen untersuchen und erklären möchte.« *Aus der Einleitung von Wolfgang Frindte*

Infos und Ladenpreis:
www.beltz.de

Beltz Verlag · Weinheim und Basel

Reihe »Beltz Studium«

Hans W. Bierhoff
**Einführung
in die Sozialpsychologie**
208 Seiten. Broschiert.
ISBN 3-407-25251-X

Eine problemorientierte Einführung in die Fragestellungen der Sozialpsychologie.

Zur Beantwortung wird auf soziale Eindrucksbildung und soziales Erinnern, Vorurteile gegenüber sozialen Gruppen und Geschlechtsrollen eingegangen. Wie hängt Aggression und Hilfsbereitschaft mit unseren Werten und Einstellungen zusammen? Was bewirkt Gewalt, die in den Massenmedien gezeigt wird? Wie lassen sich Einstellungen und Wertvorstellungen verändern? Weiterer Schwerpunkt: enge Beziehungen (physische Attraktivität, Liebe und Auflösung von Beziehungen), Prozesse in Gruppen, die sich auf Leistung, Konformität und Entscheidungen beziehen.
Mit einer Darstellung der Forschungsmethoden der Sozialpsychologie und ihrer Anwendungsmöglichkeit im Recht, in der Wirtschaft und in der Umwelt.

Infos und Ladenpreis:
www.beltz.de

Beltz Verlag · Weinheim und Basel

Reihe »Beltz Studium«

Wolfgang Barthel
Prüfungen – kein Problem!
Bewältigung von Prüfungsangst, effektive Prüfungsvorbereitung, optimales Verhalten.
135 Seiten. Broschiert.
ISBN 3-407-25232-3
Ein fundierter, allgemein verständlicher und praxisnaher Ratgeber, äußerst hilfreich bei Vorbereitung, Durchführung und Bewältigung von Prüfungen.

Klaus Hurrelmann
Einführung in die Sozialisationstheorie
Über den Zusammenhang von Sozialstruktur und Persönlichkeit.
328 Seiten. Broschiert.
ISBN 3-407-25440-7
Der Autor zeichnet die wichtigsten Ausgangspunkte der Sozialisationsforschung in leicht verständlicher Form nach und stellt die wesentlichen Untersuchungsergebnisse dieses Forschungsgebietes zusammen.

Bernhard Rosemann / Sven Bielski
Einführung in die Pädagogische Psychologie
207 Seiten. Broschiert.
ISBN 3-407-25238-2
In verständlicher Form, aber dennoch fundiert, werden die Themengebiete dieser anwendungsorientierten Teildisziplin der Psychologie dargestellt. Behandelt werden u.a. die Gesetzmäßigkeiten des Lernens, die Lern- und Leistungsmotivation, entwicklungspsychologische Aspekte, Wahrnehmungs- und Beurteilungsprozesse sowie Grundprinzipien der Pädagogischen Interaktion. Dem im pädagogischen Kontext tätigem Praktiker werden mit diesem Band die wesentlichen Inhalte der Pädagogischen Psychologie in komprimierter Form zur Verfügung gestellt.

Infos und Ladenpreise:
www.beltz.de

F0094a

Beltz Verlag · Weinheim und Basel

Reihe »Beltz Studium«

Hanna Kiper
**Einführung
in die Schulpädagogik**
176 Seiten. Broschiert.
ISBN 3-407-25240-4
Der Band diskutiert verschiedene Schulperspektiven, bietet eine Einführung in das Bildungssystem der Bundesrepublik Deutschland und einen Überblick über Aufgaben m Lehrer/innenberuf.

Jürgen Oelkers
Einführung in die Theorie der Erziehung
Beltz Studium. 2000
294 Seiten. Broschiert.
ISBN 3-407-25236-6
Bis weit ins 20. Jahrhundert hinein sollte mit »Erziehung« der neue Mensch hervorgebracht werden, die utopische Gesellschaft entstehen oder allgemeine Emanzipation auf den Weg gebracht werden. Die Einführung analysiert thematische Koppelungen, die die heutige Diskussion bestimmen.

Klaus Ulich
Einführung in die Sozialpsychologie der Schule
187 Seiten. Broschiert.
ISBN 3-407-25237-4
Schulalltag ist immer auch ein Beziehungs-, Leistungs- und Lernalltag. Besonders die Leistungsbewertung – als Erfahrung von Erfolgen, Misserfolgen oder gar Versagen – hat nachhaltige psychosoziale Folgen für Selbstkonzept und Motivation der Schüler/innen. Folgende Kernfragen bearbeitet Klaus Ulich in diesem Band: Wie denken, fühlen und verhalten sich Lehrerinnen und Lehrer, Schülerinnen und Schüler in der Schule? Welche Auswirkungen haben diese Prozesse auf das Unterrichtsgeschehen?

Infos und Ladenpreise:
www.beltz.de

Beltz Verlag · Weinheim und Basel

Reihe »Beltz Studium«

Ralf Vollbrecht
**Einführung
in die Medienpädagogik**
239 Seiten. Broschiert.
ISBN 3-407-25234-X
Am Beispiel der seit einhundert Jahren geführten Kinodebatte werden zunächst unterschiedliche medienpädagogische Standpunkte und ihre Veränderungen bis hin zur heutigen Zielvorstellung von Medienkompetenz aufgezeigt. Anschließend werden medien- und kommunikationswissenschaftliche Theorien und Konzepte vorgestellt und diskutiert. Weitere Kapitel befassen sich mit Medien und Gewalt, der Werbewirkungsforschung, den Medienwelten von Kindern und Jugendlichen sowie den neuen pädagogischen Herausforderungen der digitalen Medien. Der Band richtet sich sowohl an Studierende der Medienpädagogik als auch an Studierende anderer Fachrichtungen (insbesondere der Lehrämter), deren Klientel in den heutigen Medienwelten zunehmend mit Wirkungen der Medien konfrontiert ist.

Christoph Wulf
**Einführung
in die Anthropologie
der Erziehung**
229 Seiten. Broschiert.
ISBN 3-407-25233-1
Eine Einführung in die pädagogische Anthropologie mit einem Überblick über den Diskussionsstand historisch-pädagogischer Anthropologie. Im Mittelpunkt des vorliegenden Bandes zur pädagogischen Anthropologie stehen drei für Erziehung und Bildung zentrale Themenbereiche:
- Vervollkommnung des Unverbesserlichen
- Soziale Mimesis
- Interkulturelle Erziehung.

Infos und Ladenpreise:
www.beltz.de

Beltz Verlag · Weinheim und Basel